C 언어 실습

이 창 근 저

머 리 말

본 책은 저자가 강단에서 C 언어 프로그램을 처음 접하는 학생들을 지도하면서 느낀 C 언어 기본 기능과 활용에 대한 내용을 담은 교재이며 가능한 많은 실습 예제를 중심으로 설명하였다. 본 책은 C 언어 배우는 초보자기 프로그램 언어를 이해하기 위하여 장문의 설명을 탈피하여 실습 예제를 직접 해보고 응용할 수 있도록 하였다. 그러므로 처음 사용자는 초보자들이 C 언어를 좀 더 쉽게 이해하는데 도움이 되기를 바란다.

본 책은 1장 C 언어 기초에서 C 언어의 특징과 장점에 대하여 설명하고, 2장 C 언어 개요에서 C 언어의 연산자, 제어문, C 언어 함수, 배열을 설명한다. 3장 C 언어 기본 프로그래밍에서 표준 입출력 함수를 설명하고 4장 C 언어 자료형에서 자료형의 분류와 C 언어 기억 클래스, 지역변수, 전역변수를 설명하고, 5장 연산자와 산술식에서 산술 연산자, 관계 연산자, 논리 연산자, 조건 연산자 등을 설명하고 6장 제어문에서 조건문, 반복문을 설명한다. 7장 함수에서 재귀 함수, 입출력 함수, 문자 및 문자열 함수, 메모리 함수 등을 설명하고 8장 배열에서 1차원 배열, 2차원 배열, 3차원 배열을 설명하고 9장 C 언어 실습예제에서 기본적인 C 언어 예제 프로그램을 설명한다.

본 책이 완성되기까지 도움을 주신 많은 분들께 감사드리며, 또한, 본 책의 출판을 위하여 적극적으로 후원하여 주신 컴원미디어 출판사 홍정표 사장님과 직원 여러분께 감사를 드립니다.

2014. 03
저자

C·o·n·t·e·n·t·s

1장 : C 언어 기초

1-1. 프로그램 언어 분류　　　　　　　　　　　　　　7
1-2. C 언어 특징　　　　　　　　　　　　　　　　　7
1-3. C 언어 장점　　　　　　　　　　　　　　　　　9
1-4. C 프로그램 컴파일　　　　　　　　　　　　　　9
1-5. C 프로그램의 기본 구조　　　　　　　　　　　　10

2장 : C 언어 개요

2-1. 연산자　　　　　　　　　　　　　　　　　　　11
2-2. 제어문　　　　　　　　　　　　　　　　　　　12
2-3. C 언어 함수　　　　　　　　　　　　　　　　　13
2-4. 배열　　　　　　　　　　　　　　　　　　　　36
2-5. 구조체(struct)　　　　　　　　　　　　　　　　36

3장 : C 언어 기본 프로그래밍

3-1. 표준 출력 함수 printf()　　　　　　　　　　　　41
3-2. 표준 입력 함수 scanf()　　　　　　　　　　　　56

4장 :　C 언어 자료형(Data Type)

4-1. 자료형(Data Type)의 분류　　　　　　　　　　　61
4-2. C 언어 기억 클래스　　　　　　　　　　　　　72
4-3. 지역변수(local variable), 전역변수(global variable)　　81

5장 : 연산자와 산술식

5-1. 산술 연산자(arithmetic operator)   85
5-2. 관계 연산자(relational operator)   98
5-3. 논리 연산자(logical operator)   101
5-4. 비트 처리 연산자(bitwise operator)   103
5-5. 조건 연산자(conditional operator)   105
5-6. 나열 연산자(comma operator)   106
5-7. 주소 연산자, 포인터 연산자, sizeof 연산자   106
5-8. cast 연산자   107
5-9. 연산자의 우선 순위   108

6장 : 제어문

6-1. 조건문   110
6-2. 반복문   122
6-3. 기타 제어문   131

7장 : 함수(Function)

7-1. 함수   135
7-2. 함수 선언 형식   136
7-3. 재귀 함수(recursion function)   147
7-4. 입출력 함수   149
7-5. 문자 및 문자열 함수   188
7-6. 메모리 함수   201
7-7. 수치 함수   208
7-8. 시간 함수   209
7-9. 프로세스 제어 함수   209
7-10. 정렬 함수   211

8장 : 배열(Array)

8-1. 1차원 배열(one dimensional array)   216

8-2. 2차원 배열(two dimensional array)   219

8-3. 3차원 배열(three dimensional array)   221

9장 : C 언어 실습예제

1장 : C 언어 기초

1-1. 프로그램 언어 분류

(1) 프로그램 언어(Program Language stallation)
프로그램 작성에 사용되는 언어

(2) 저급 언어(Low Level Language)
기계 중심 언어

(3) 고급 언어(High Level Language)
인간 중심 언어

(4) 기계어(Machine Language)
- 컴퓨터가 이해할 수 있는 언어
- 0과 1로 이루어진 이진수로 구성
- 일반인 사용에 어려움

(5) 어셈블리어(Assembly Language)
이진수로 되어진 기계어를 기호(Symbolic)를 사용

1-2. C 언어 특징

- 구조화 언어(structured language)

- 포인터 사용 가능
- 프로그램 이식성 우수
- 고급 언어이면서 어셈블리어와 같이 하드웨어 프로그램 용이

(1) 다양한 연산자

(2) 명쾌한 구조

    if, while, for, switch 등의 제어문

(3) C 언어의 프로그램은 함수를 단위로 하여 작성

    모든 프로그램은 최소한 1 개 이상의 함수로 구성

(4) 간결하고 일관된 데이터 처리

    기본 데이터형(data type)

- 문자형
- 정수형,
- 실수형

    복합 데이터형

- 구조체(struct)
- 공용체(union)

(5) 동적이며 능동적인 메모리 관리

    C 언어에서는 대부분 메모리를 동적(dynamic)으로 관리한다.

    즉, 메모리를 필요시에만 할당하며 그렇지 않으면 메모리를 할당하지 않는다.

    포인터를 사용하여 메모리를 능동적으로 관리

(6) 높은 이식성

    고급 언어이면서 저급 언어적 특성을 가지고 있으므로 이식성이 높다.

1-3. C 언어 장점

- 구조화된 제어 구조를 갖고 있어 작업을 순서에 따라 명확하게 기술 가능
- 단순한 언어 구조로서 작은 메모리로 구성된 하드웨어에서도 프로그램을 효율적으로 개발 가능
- 하드웨어의 비트 조작이나 내용을 상세하게 처리 가능
- 구조체나 공용체 등의 복잡한 자료형을 취급 가능

1-4. C 프로그램 컴파일

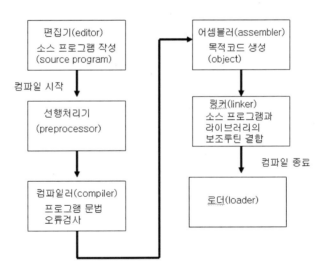

그림 1-1 원시 프로그램의 컴파일

(1) C Preprocessor(선행 처리기)
원시 프로그램에서 정의된 형식을 확장

(2) C 컴파일러(C Compiler)

원시 프로그램은 컴퓨터 고유의 어셈블리 언어로 번역되어
목적 코드(Object Code)를 생성함

(3) 목적 코드(Object Code)

프로그래머가 읽을 수도 없고 컴퓨터가 실행할 수도 없음

(4) 링커(Linker)

C 프로그램과 C 언어의 라이브러리 보조 루틴을 결합하여 준다.

(5) 컴파일

- 원시 프로그램을 입력받아 컴퓨터가 실행할 수 있는
  실행 프로그램(Executable Program)으로 변환
- 원시 프로그램 문법 오류 검사
- 프로그램을 실행시키기 위한 과정의 번거로움을 피할 수 있음.
- 프로그램을 더욱 빨리 실행시킬 수 있음.

1-5. C 프로그램의 기본 구조

- Header 부
- main 함수부
- 사용자 정의 함수부

2장 : C 언어 개요

2-1. 연산자

(1) 상수(constant)

    변수에 기억되는 변하지 않는 일정한 값

(2) 변수(variable)

- 상수를 기억시키기 위한 기억 장소
- int, char, long, float.

(3) 연산자

- 이항연산자: 2개의 자료가 필요

  +, -, *, /, %

- 단항연산자:

  ++, --

- 대입연산자:

  =, +=, -=, *=

  보기: a +=b 〈=〉 a= a+ b

- 관계연산자:

  〉, 〈, 〉=, 〈=, ==, !=

- 논리연산자:
  && (and), || (or)

2-2. 제어문

(1) 조건문　　: if 문, switch 문

* if 문
 	
　if (조건)
　　{
　　　명령문;
　　　　.
　　　　.
　　}
　else
　{
　　명령문;
　　　.
　　　.
　　}
	* switch 문
	
	　switch (변수)
	　{
	　　case 식: 명령문;
	　　　　　.
	　　　　　.
	　　　　　　break;
	　　case 식: 명령문;
	　　　　　.
	　　　　　.
	　　　　　　break;
	　　default : 명령문;
	　}

(2) 무조건문　: goto 문

(3) 반복문　　: for 문, while 문, do - while 문

* while 문
 	
while (조건식)
{
   명령문;
     .
     .
}
	* do ~ while 문
	
	do
	{
	 명령문;
	    .
	    .
	} while (조건식);

* for 문
 	
for (초기값; 조건식; 증가)
{
 명령문;
    .
    .
    .
}
	* goto 문
	
	          .
	       명령문;
	레이블: 명령문;
	        .
	     goto 레이블;

2-3. C 언어 함수

(1) 함수(function)

   입력(input) → 함수(function) → 출력(output)

(2) 매개 변수 전달
- call by reference (call by address, call by location)
  실매개 변수에 해당되는 주소를 대응되는 형식 매개 변수로 보냄.
  장점 : 형식 매개 변수의 기억 장소가 추가로 요구되지 않음.

단점 : 호출한 프로그램에서 임시 기억 장소를 조회할수가 없기 때문에
결과값을 잃어 버리게 된다.

- call by value
호출된 프로그램이 형식 매개 변수에 해당되는 기억 장소를 별도로 유지.
실매개 변수의 값은 어떤 경우라도 변하지 않음.

(3) 순환(recursion) 함수
함수가 자기 자신을 호출

(4) 함수의 선언, 형식

〔기억 클래스〕〔자료형〕
함수명(〔형식매개변수〕)
〔매개변수의 선언;〕
{
명령문;

.

}

(5) 함수의 호출

a = 함수명(매개변수);

(6) 함수의 반환
return;
return(식);

(7) 표준함수

헤더 파일 (Header File)	함수 내용	표준 함수의 종류
alloc.h (Allocation Header)	메모리 관리 함수	brk(), calloc(), coreleft(), farcalloc(), farcoreleft(), farfree(), farheapcheck(), farheapcheckfree(), farheapchecknode(), farheapfillfree(), farheapwalk(), farmalloc(), farrealloc(), free(), heapcheck(), heapcheckfree(), heapchecknode(), heapfillfree(), heapwalk(), malloc(), realloc(), sbrk()
conio.h (Console Input Output Header)	콘솔 (console) 및 I/O 루틴 (routine) 함수	cgets(), getch(), getche(), gettext(), inport(), inportb(), inpw(), movetext(), normvideo(), outp(), outport(), outportb(), outpw(), putch(), puttext(), ungetch(),
ctype.h (Character Type Header)	문자 판별 및 문자 변환 함수	isalnum(), isalpha(), isascii(), iscntrl(), isdigit(), isgraph(), islower(), isprint(), ispunct(), isspace(), isupper(), isxdigit(), toascii(), tolower(), toupper()

헤더 파일 (Header File)	함수 내용	표준 함수의 종류
io.h (Input Output Header)	저수준 입출력 함수	access(), chmod(), chsize(), close(), creat(), creatnew(), creattemp(), dup(), dup2(), eof(), filelength(), getftime(), ioctl(), isatty(), lock(), locking(), lseek(), mktemp(), open(), read(), remove(), rename(), setftime(), setmode(), sopen(), tell(), umask(), unlink(), unlock(), write()
locale.h	국가,언어에 관한 함수	localeconv(), setlocale()
math.h (Mathematic Header)	수학 함수	abs(), acos(), acosl(), asin(), asinl(), atan(), atanl(), atan2(), atan2l(), atof(), cabs(), cabsl(), ceil(), ceill(), cos(), cosl(), cosh(), coshl(),　exp(), expl(), fabs(), fabsl(), floor(), floorl(), fmod(), fmodl(), frexp(),　frexpl(), hypot(), hypotl(), labs(), dexp(), ldexpl(), log(), logl(), log10(), log10l(), matherr(), modf(), modfl(), poly(), polyl(), pow(), powl(), pow10(), pow10l(), sin(), sinl(), sinh(), sinhl(), sqrt(), sqrtl(), tan(), tanl(), tanh(), tanhl()
mem.h (Memory Header)	메모리 함수	memccpy(), memchr(), memcmp(), memcpy(), memicmp(), memmove(), memset(), movedata(), movmem(), setmem()

헤더 파일 (Header File)	함수 내용	표준 함수의 종류
process.h	프로그램 실행에 관한 함수	abort(), execl(), execle(), execlp(), execlpe(), execv(), execve(), execvp(), execvpe(), exit(), getpid(), spawnl(), spawnle(), spawnlp(), spawnlpe(), spawnv(), spawnve(), spawnvp(), spawnvpe(), system()
search.h	정렬 및 탐색 함수	bsearch(), lfind(), lsearch(), qsort()
stdio.h (Standard Input Output Header)	표준 입출력 함수	clearerr(), fclose(), fcloseall(), fdopen(), feof(), ferror(), fflush(), fgetc(), fgetchar(), fgetpos(), fgets(), fileno(), flushall(), fopen(), fprintf(), fputc(), fputchar(), fputs(), fread(), freopen(), fscanf(), fseek(), fsetpos(), ftell(), fwrite(), getc(), getchar(), gets(), getw(), perror(), printf(), putc(), putchar(), puts(), putw(), remove(), rename(), rewind(), rmtmp(), scanf(), setbuf(), setvbuf(), sprintf(), sscanf(), strerror(), tempnam(), tmpfile(), tmpnam(), ungetc(), unlink(), vfprintf(), vfscanf(), vprintf(), vscanf(), vsprintf(), vsscanf()

헤더 파일 (Header File)	함수 내용	표준 함수의 종류
stdlib.h (Standard Library Header)	수치 변환, 난수 관련 및 정렬 함수	abort(), abs(), atexit(), atof(), atoi(), atol(), bsearch(), calloc(), div(), ecvt(), exit(), fcvt(), free(), gcvt(), getenv(), itoa(), labs(), ldiv(), lfind(), lsearch(), ltoa(), malloc(), max(), mblen(), mbtowc(), mbstowcs(), min(), putenv(), qsort(), rand(), random(), randomize(), realloc(), srand(), strtod(), strtol(), strtoul(), swab(), system(), time(), ultoa(), wctomb(), wcstombs()
string.h	문자열 처리 함수	memccpy(), memchr(), memcmp(), memcpy(), memicmp(), memmove(), memset(), movedata(), movmem(), setmem(), stpcpy(), strcat(), strchr(), strcmp(), strcmpi(), strcpy(), strcspn(), strdup(), strerror(), stricmp(), strlen(), strlwr(), strncat(), strncmp(), strncmpi(), strncpy(), strnicmp(), strnset(), strpbrk(), strrchr(), strrev(), strset(), strspn(), strstr(), strtok(), strxfrm(), strupr()
time.h	시간 함수	asctime(), clock(), ctime(), difftime(), gmtime(), localtime(), mktime(), stime(), strftime(),time(), tzset(),

함수	사용양식	기능	헤더파일
brk	break(수치);	브레이크 번지(프로그램이 할당할수 있는 최하위번지)를 설정	alloc.h
calloc	calloc(수치, 크기);	지정 크기의 배열 영역을 할당	
farrealloc	voidfar*farrealloc (voidfar *oldblock, unsigend abytes);	heap에서 할당된 블록을 조정	
free	free(포인터);	할당된 메모리를 해방	
malloc	malloc(수치);	메모리를 할당	
delline	void delline(void);	텍스트 윈도우에서 라인을 삭제	conio.h
getche	int getche(void);	키보드로부터 문자를 읽어들이고 화면에 에코	
gettext	int gettext(int left, int top,int right, int bottom void*destin)	텍스트 모드 화면으로 부터 텍스트를 메모리에 복사	
insline	void insline(void);	텍스트 윈도우에서 빈행을 삽입	
clreol	void clreol(void);	텍스트 윈도우에라인 끝까지지움	
getch	int getch(void);	키보드로 부터 문자를 읽어들이고 화면에 에크하지 않는다.	
putch	int putch(int c);	문자를 화면에 출력	
isalnum	isalnum(문자);	지정[문자]가 문자 또는 숫자인지 판정	string.h
iscutrl	iscutrl(문자);	[문자] 컨트롤 문자인가를 판정	
islower	islower(문자);	[문자]가 영어 소문자인가를 판정	

함수	사용양식	기능	헤더파일
isalpha	isaipha(문자);	지정[문자]가 영문자인가를 판정	string.h
isdigit	isdigit(문자);	[문자]가 숫자인가를 판정	
isprint	isprint(문자);	[문자]가 연쇄 가능한 문자인가를 판정	
isupper	isupper(문자);	[문자]가 대문자인가를 판정	
tolower	tolower(문자);	대문자를 소문자로 변환	
isascill	isascii(문자);	[문자]가 애스키문자인가 판정	
ispunct	ispunct(문자);	[문자]가공란으로 표시되는 문자인가를판정	
isxdigit		16진 문자인가를 검사	
gettime	int gettime (struct ftime *tfimep);	파일의 날짜와 시간을 리턴	io.h
access	int access(const char *filename,int acmode);	파일을 엑세스 가능성을 결정	
chmod	int chmod(const char *filename, int access);	파일 액세스 모드를 변경	
chsize	int chsize(int handle, long new_size);	파일의 크기를 변경	
close	int close(int f_handle);	파일을 닫는다.	
creat	int creat(char *path, int amode);	새로운 파일을 작성하거나 기존파일을 재작성	
dup	int dup(int file_handle);	파일 핸들러를 복사	

함수	사용양식	기능	헤더파일
eof	int eof(int file_handle);	파일의 종료를 검사	io.h
filelength	longfilelength (int handle);	바이트의 수로 파일의 크기를 구한다.	
getftime	int getftime(int handle, struct ftime *ftimp);	파일의 날짜와 시간을 리턴	
ioctl	int iocl(int handle, int func [,void *argdx, int argcx]);	I/O 디바이스를 제어한다.	
isatty	int isatty(int handle);	디바이스 형태를 검사한다.	
lock	int lock(int handle, long offset, lonf length);	파일 공유록(lock)을 설정	
locking	int locking(h, m, n);	unlock된 h파일을 n바이트만큼 lock시킨다.	
lseek	long lseek(int handle, long lffset, int location);	디바이스 형태를 검사	
read	int read(int handle, void *buf, unsigned len);	파일을 읽는다.	
open	int open(const char *path, int,access[,unsi gnedmode]);	쓰기와 읽기용으로 파일을 연다.	fcntl.h

함수	사용양식	기능	헤더파일
remove	int remove(const char *filename);	파일을 삭제	stdio.h
rename	int rename(const char *oldname, const char *newname);	파일을 재정의	
setmode	int setmode(int handle, int amode);	오픈파일의 모드를 설정	io.h
sopen	int sopen(char *path, int access, int shflag, int mode);	공유 파일을 오픈	
tell	int long tell(int handle);	파일 포인터의 현재 위치를 구한다.	
umask	int umask(mode); int(mode);	지정된 상태를 현재 처리하고 있는 파일의 pemission mask로 설정	
write	int write(int handle, void *buf, unsigned len);	파일에 기록	
abs	실수 int abs (int x); 복소수 double abs (complex x);	정수의 절대값을 리턴	실수 math.h,stdlib.h 복소수complex.h

함수	사용양식	기능	헤더파일
acos	실수 double acos(double x); 복소수 comlex acos(complcx x);	아크 코사인을 구한다.	실수 math.h 복소수com plex.h
acos1	double acos1(double x);	아크 코사인을 구한다.	math.h
asin	실수 double asin(double x); 복소수 complex asin(complex x);	아크 사인을 계산	실수 math.h 복소수com plex.h
asin1	double asin1(double x);	아크 사인을 계산	
atan	실수 double atan(double x); 복소수 complex atan(complex x);	아크 탄젠트를 계산	math.h
atan21	double atan21(double y, double x);	아크 탄젠트를 계산	
atof	double atof(const char *str);	문자열을 부동 소숫점수로 변환한다.	stdlib.h
cabs	double cabs(struct complex z);	복소수의 절대값을 계산	math.h
ceil	double ceil(double x);	소숫점 이하를 반올림	

함수	사용양식	기능	헤더파일
cos	실수 double cos(double x); 복소수 complex cos(complex x);	코사인을 계산	math.h complex.h
cosh	실수 double cosh(double x); 복소수 complex cos1(complex x);	쌍곡선 코사인을 계산	
exp	실수 double exp(double value x); 복소수 complex exp(complex x);	지수함수를 계산한다.	실수 math.h 복소수 complex.h
fabs	double fabs(double x);	부동소숫점 수의 절대값을 계산	math.h
floor	double floor(double x);	소숫점 이하를 버린다.	
fmod	double fmod(double x, double y);	두 개의 배정도 수의 나눗셈의 나머지를 리턴	
frexp	double frexp(double x, int *exponent);	double형의 수를 가수부와 지수부로 분리	
log	실수 double log(double x); 복소수 complex log(complex x);	x의 자연로그를 계산한다.	실수 math.h 복소수 complex.h
log10	실수 double log10(double x); 복소수 complex log10(complex x);	x의 상용로그를 계산한다.	

함수	사용양식	기능	헤더파일
modfl	double modfl(double x, double *ipart);	정수부와 소수부로 분리한다.	math.h
poly	double poly(double x, int defree, double coeffs[]);	인수들도 다항식을 만든다.	
pow	실수 double pow(double x,double y); 복소수 complex pow(complex x, complex y); (complex x, double y); double x, complex y);	x의 y승을 구한다.	실수 math.h 복소수 complex.h
pow10	double pow10(int p);	10의 p승을 계산한다.	math.h
pow101	double pow101(int p);	10의 p승을 계산한다.	
sin	double sin(double x);	사인값을 계산한다.	
sinh	실수 double sinh(double x); 복소수 complex sinh(complex x);	쌍곡선 사인을 계산한다.	
sinh	실수 double sinh(double x); 복소수 complex sinh(complex x);	쌍곡선 사인을 계산한다.	실수 math.h 복소수 complex.h

함수	사용양식	기능	헤더파일
sqrt	실수 double sqrt(double x); 소수 complex sqrt(complex x);	인수가 실수이면 입력 값의 제곱근을 계산한다.	실수 math.h 복소수 complex.h
tan	실수 double tan(double x); 복소수 complex tan(complex x);	쌍곡선 탄젠트를 계산	실수 math.h 복소수 complex.h
memccpy	void *memccpt(void *dest, const void *src, int c,seze_t n);	n바이트의 블록을 복사	math.h
memchr	void *memchr(const void *s, int c, size_t n);	문자c를 위해 n바이트르 탐색	
memcmp	*void memcmp(const void *s1, const void *s2, size_t n);	n바이트의 길이를 갖는 2개의 블록을 비교	string.h mem.h
memcpy	void *memcpy(void *dest, const void *src, size_t n);	n바이트의 블록을 복사	
memset	void *memset(void *s, int c, size_t n);	메모리의 n바이트 블록을 바이트C로 설정	

함수	사용양식	기능	헤더파일
vfprintf		파일로의 가변 인수를 형식 지정된 출력	stdio.h
vfscanf		파일로의 가변 인수를 형식 지정된 입력	
vprintf	int vprintf (char *format, va_listarglist);	포맷된 데이터를 표준출력장치에 출력	
vscanf	int vscanf (char *format, va_listarglist);	stdin으로 부터 가변 인수를 형식 지정된 입력	
vsprintf	int vsprintf(char *buffer, const char *format,);	스트링의 가변 인수를 형식 지정된 출력	
bsearch	void *bsearch(const void *Key, const void *base, size_t nelem, size_t width, int(*femp)(const void *, const void *));	배열의 이진탐색을 행한다.	stdlib.h
lfind	void *lfind(const void *Key, const void *base, size_t int *num, size_t width, int(*fcmp)(const void *, const void *));	선형 탐색을 수행한다.	

함수	사용양식	기능	헤더파일
abs	int abs(n); int n;	n의 절대값 |n|	stdlib.h
atof		문자열을 float형 수치로 변환	
atoi		문자열을 int형수치로 변환	
atol		문자열을 long형 수치로 변환	
bsearch	void *bsearch(const void *key);	배열의 이진 탐색을 행한다.	
calloc	void*calloc(n,si ze); unsignid n; unsigned size;	메모리 블록을 size 바이트 n개를heap 영역에 확보한 후 그 내용을 0으로 초기화 한다.	
div	div_tdiv(int numerator, int denominator);	두 개의 정수를 나누어서 몫과 나머지를 리턴한다.	
exit	void exit(int staus);	프로그램을 종료한다.	
free	void free(ptr);	ptr로 지정되는 메모리 블록을 사용할수 있도록 해제한다.	
getenv	char *getenv(conse char *name);	환경변수에 할당된 값을 리턴	
itoa	char *itoa(val,*str,ra d); int val; char *str; int rad;	rad 진수 int형 수치 val를 문자열로 변환하여 str에 저장한다.	
ltoa	char *ltoa(val,*str,ra d) int val; char *str; int rad;	rad 진수 long형 수치 val를 문자열로 변환하여 str에 저장한다.	

함수	사용양식	기능	헤더파일
malloc	void *farmalloc(size); unsigned size;	size 만큼의 바이트에 해당하는 메모리 블록을 heap영역으로 꺼내어 그곳에 해당하는 포인터를 얻는다.	stdlib.h
max	(type) max(a, b);	두 개의 값중 큰값을 리턴한다.	
min	(type) min(a, b);	두 개의 값중 작은값을 리턴한다.	
rand	int rand();	난수를 발생	
random	intrandom(int num);	난수의 발생	
randomize	void randomize(void);	난수 발생 함수를 초기화 한다.	
srand	void srand(seed); unsigned seed;	난수 발생 seed를 설정한다.	
time	long *time(tp); long *tp;	시스템 시각을 기준으로 하여 현재 시간까지 경과된 시간을 초단위로 판정하여 tp에 저장	
fdopen	fdopen(handle, type);	open, close등으로 이미 열려 있는 파일을 표준입출력 파일로 다시 사용할 수 있도록 파일 포인터를 반환한다.	stdio.h
feof	feof(파일포인터);	파일의 끝인가를 판정	
ferror	ferror(파일포인터);	파일버퍼에 에러가 있는가를 판정	
fflush	fflush(파일포인터);	파일 버퍼상의 정보를 파일에 수록	

함수	사용양식	기능	헤더파일
fgetc	fgetc(파일포인터);	파일에서 1문자를 읽어들인다.	
fgetchar	int fgetchar(c);	fgetc(stdin)와 같다. 표준 출력장치에서 1문자를 읽어들인다	
fgetpos		현재의 파일 포인터를 갖는다.	
fgets	fgets(s, n, fp);	파일 fp에서 문자열을 읽어서, 버퍼 s에 저장한다.	
fopen	fopen(파일명, 모드);	파일을 연다.	
fprintf	fprintf(파일포인터, 제어문자열, 인수);	데이터를 파일에 출력한다.	
fputc	fputc(파일포인터, 제어문자열, 인수);	파일에 1문자를 출력한다.	stdio.h
fputchar	int hputchar(c);	표준출력장치에 단일 문자 c를 출력	
fputs	fputs(문자열, 파일포인터);	파일에 문자열을 출력한다.	
fread	fread(포인터,개수,파일포인터);	레벨 2 파일의 블록 읽기	
fscanf	fscanf(파일포인터, 제어문자열, 인수);	파일에서 데이터를 읽어들인다.	
fseek	fseek(파일포인터,상대위치,모드);	파일의 문자포인터 위치를 변경	
ftell	ftell(파일포인터);	파일내에 현재의 문자 위치를 구한다.	
fwrite	fwrite(포인터, 크기, 개수, 파일포인터);	파일에 문자 블록을 출력	

함수	사용양식	기능	헤더파일
getc	getc(파일포인터);	파일에서 1문자를 입력 받는다.	
getchar	getchar();	표준입력장치에서 문자 입력	
gets	char *gets(buf);	표준 입력 stdio으로 부터 한 라인의 내용을 읽고 buf에 저장	
puts	int puts(str);	표준출력장치로 주어진 문자열 str 을 출력한다.	
putw	int put(bininst, st);	지정한 st의 현재 위치로 intgud의 2진수 값인 binint를 출력한다.	
printf	int printf();	포맷된 출력을 표준출력으로 출력한다.	
putc	putc(문자, 파일포인터);	파일에 한문자를 출력	
putchar	putchar();	표준출력장치에 1문자를 출력	
rewind		파일의 시작 부분으로 파일 위치기를 재설정한다.	stdio.h
scanf	scanf(제어문자 열, 인수);	표준입력장치에서 데이터를 입력받는다.	
setbuf	void setbuf(FILE, 파일스트림);	스트림에 대해 버퍼를 할당	
serrbuf	void serrbuf(FILE *steram, xhar *buf);	지정하는 길이의 새로운 버퍼를 파일에 할당한다.	
sprintf	sprintf(buffer, format, 출력 자료의 나열);	문자열을 지정하는 서식(format)에 따라 변환 출력 시킴	
sscanf	sscanf(포인터, 제어문자열,인수);	메모리 중의 문자열에서 데이터를 추출	

함수	사용양식	기능	헤더파일
ungetc	ungetc(문자, 파일포인터);	입력파일버퍼에 문자를 되돌림	stdio.h
vprintf	int vprintf(char *format, va_listarglist);	포맷된 데이터를 표준출력장치에 출력	
vscanf	int vscanf(char *format, va_listarglist);	stdin으로 부터 가변 인수를 형식 지정된 입력	
vsprintf	int vsprintf(char, *buffer, const char *format,);	스트링의 가변 인수를 형식 지정된 출력	
abort	void abort();	프로그램을 중단	stdilb.h
abs	int abs(n); int n;	n의 절대값 |n|	
atexit	int atexit (atexit_tf_ame);	종료함수를 등록한다.	
atof		문자열을 float형 수치로 변환	
atoi		문자열을 int형 수치로 변환	
atol		문자열을 long형 수치로 변환	
bsearch	void *bsearch (const void *key);	배열의 이전 탐색을 행한다.	
calloc	void*calloc(n,size); unsignid n; unsigned size;	메모리 블록을 size 바이트 n개를 heap 영역에 확보한 후 그 내용을 0으로 초기화 한다.	
div	div_tdiv (int numerator, int demominator);	두 개의 정수를 나누어서 몫과 나머지를 리턴한다..	

함수	사용양식	기능	헤더파일
exit	void exit(int staus);	프로그램을 종료한다.	stdilb.h
free	void free(ptr);	ptr로 지정되는 메모리 블록을 사용할 수 있도록 해제한다.	
getenv	char *getenv (conse char *name)	환경변수에 할당된 값을 리턴한다.	
itoa	char *itoa(val, *str, rad); int val; char *str; int rad;	int형 수치 val를 문자열로 변환하여 str에 저장한다.	
labs	long abs(n);long a;	long의 수치 x의 절대값 |x|	
ltoa	chat *ltoa(val, *str, rad) int val; char *str; int rad;	long형 수치 val를 문자열로 변환하여 str에 저장한다.	
malloc	void *farmalloc(size) ; unsigned size;	size 만큼의 바이트에 해당하는 메모리 블록을 heap영역으로 꺼내어 그곳에 해당하는 포인터를 얻는다.	
time	long *time(tp); long *tp;	시스템 시각을 기준으로 하여 현재 시간 까지 경과된 시간을 초단위로 판정하여 tp에 저장.	time.h
memccpy	memccpy(vido *dest, const void *src, int c, size_t n);	메모리 자료를 복사	string.h

함수	사용양식	기능	헤더파일
memcpy	memcpy (viod *dest, const void *src, size_t n);	메모리 자료를 복사	
stpcpy	stpcpy (char *dest, const char *src);	하나의 문자열을 다른 문자열에 복사한다.	
strcat	strcat (char *dest, const char *src);	하나의 문자열을 다른 문자열의 뒤에 추가한다.	
strchr	strchr (const char *s, int c);	문자열에서 주어진 문자를 탐색	
strcmp	strcmp (const char *s1, const char *s2);	두 개의 문자열을 비교	
strcmpi	strcmpi (s1, s2);	대.소문자 구별없이 한 문자열을 다른 문자열과 비교	string.h
strcpy	strcpy (char *dest, const char *src);	한 문자열을 다른 문자열에 복사	
strcspn	strcspn (const char *s1, const char *s2);	스크링 s1에서 문자집합 s2에 없는 문자가 최초로 발견된 포인터를 리턴한다.	
strerror	strerror (int errnum);	에러 메시지 문자열의 포인터를 리턴한다	
stricmp	stricmp (const char *s1, const char *s2);	두 개의 문자열을 대.소문자 구별없이 비교	
strlen	strlen (const char *s);	문자열의 길이를 계산.	
strncat	strncat (char *dest, const char *src,size_t maxlen);	한 문자열의 일부분을 다른 문자열에 추가	

함수	사용양식	기능	헤더파일
strncmp	strncmp (const char *s1, const char *s2, size_t maxlen);	두 개의 문자열을 주어진 길이만큼만 비교	string.h
strncpy	strncpy (char *dest, const char *src, size_t maxlen);	한 문자열에서 지정된 바이트만큼 다른 문자열로 복사하면서 필요한 경우에 문자열을 자르거나 채운다.	
strnset	strnset (char *s, int ch, size_t n);	문자열에서 지정한 길이만큼 문자를 주어진 문자로 설정	
strrchr	strrchr (const char *s, int c);	문자열에서 주어진 문자가 마지막으로 나타나는 위치를 검사	
strrev	strrev (char *s);	문자열을 역순으로 변환	
strset	strset (char *s, int ch);	지정된 길이로 문자열 설정	
strstr	strstr (const char *s1, const char *s2);	한 문자열 내에서 지정한 문자열을 탐색	
strupr	strupr (char *s);	문자열의 소문자를 대문자로 변환	
ctime	ctime (const time_t *time);	날짜와 시간을 문자열로 변환한다.	time.h
localtime	locatime(const time_t *timer);	날짜와 시간을 설정한다.	
stime	stime(time_t *tp);	시스템의 날짜와 시간을 설정한다.	
time	time_t time(time_t *timer);	시스템 시간을 획득	

2-4. 배열

(1) 1차원 배열

보기 : int a[3]; a[0], a[1], a[2];

(2) 2차원 배열

보기: int b[2][3];
   요소개수: 2x3= 6개
   b[0][0], b[0,1], b[0,2].
   b[1][0], b[1,1], b[1,2].

(3) 3차원 배열.

 보기: int a[2][3][4];
 요소개수: 2x3x4= 24개

2-5. 구조체(struct)

(1) 구조체 선언
   struct 구조체 이름
       {
           변수선언;
           변수선언;
           변수선언;
       };

보기)

```
struct person {
            char name[20];
            char address[100];
            char tel[13];
            int sex;
            }
```

(2) 구조체 선언형식

1. struct 구조체 이름
   ```
   {
      변수 선언;
      변수 선언;
      변수 선언;
   }
   ```

- 식별자(변수) 없이 구조체만을 선언
- 기억장소의 할당없이 자료구조만을 정의

보기)

```
struct person{
char name[20];
char address[100];
char tel[13];
int sex;
}
```

- struct 구조체 이름, 식별자 이름(변수), 식별자 이름(변수) …;

보기)

struct person a, b, c;

• 변수 a, b, c를 person과 같은 구조체 자료형으로 사용.

2) struct 〔구조체 이름〕{

　　　변수 선언;

　　　변수 선언;

　　　　　•

　　　　　•

　　　} 변수명, 변수명 … ;

• 실제 기억장소 할당되며 구조체로 변수 사용 가능

보기)

struct person{

char name〔20〕;

char address〔100〕;

char tel〔13〕;

int sex;

} a, b, c;

(3) 구조체 접근

구조체 변수명. 멤버명(member)

보기) a.name = ″홍길동″;

　　　a.tel = ″681-9008″;

(4) 구조체 배열 선언

보기)
방법1:
struct person{
char *name;
char *tel;
int old;
} ;
struct person p[10];

방법2:
struct person{
char *name;
char *tel;
int old;
} p[10];

(5) 구조체 배열 접근

• 구조체 배열명 [인덱스]. 멤버명.
보기)
p[1]. name = " 홍길동";
p[1]. old = 25;

(6) 구조체 포인터 변수 선언.
보기)
    struct person *p;

(7) 구조체 포인터 변수 접근.

구조체 포인터 → 멤버명

보기)

```
struct person {
        char *name;
        char *tel;
        int old;
        } ;


struct person *p_ptr;
p_ptr → name = "lee";
p_ptr → tel = "681-9008";
p_ptr → old = 23;
```

3장 : C 언어 기본 프로그래밍

3-1. 표준 출력 함수 printf()

• 여러 가지의 형식화된 내용을 화면으로 표준 출력(stdout)하는 출력 함수

• printf(형식 문자열,인수1,인수2,……)

변환문자	변환 내용	인수형
%d	int형을 10진수로 출력	정수형
%o	int형을 8진수로 출력	정수형
%x	int형을 16진수로 출력	정수형
%u	int형을 부호없는 10진수로 출력	정수형
%c	char형 또는 int형을 문자로 출력	정수형(문자형)
%s	string을 출력	문자형 포인터형
%f	float나 double형을 소수점을 사용하여 출력	부동소수점형
%e	float나 double형을 지수(E)를 사용하여 출력	부동소수점형
%g	%e나 %f 중에서 하나로 출력	부동소수점형

• printf("%- w m l 변환문자…",…);

기호	의미
-	출력 값을 왼쪽에서부터 출력
w	w 크기 만큼의 공간에 값을 출력
.	소수점 이하 자릿수 m과의 구별
m	출력값이 수이면 소수점 이하 m자리 까지만을 출력하고, 문자열의 경우는 문자열의 처음부터 m개만을 출력
l	Long 형으로 출력

• escape 문자열

'\'문자를 escape 문자라고 하고, '\'뒤의 문자는 그 원래의 뜻을 상실한다.
대부분 nonprinting이나 hard-to-print 문자들이다.
\a는 bell소리를 낸다. 이것은 8진수 또는 16진수로도 표기하거나 '\007'. '\7'로 표현할 수 있으나 '7'은 표기할 수 없다.

제어 문자	ASCII	의미	기능
\a	0x07	벨 소리(Bell BEL)	
\b	0x08	backspace(BS)	커서를 한 칸 앞으로 이동
\f	0x0c	form feed(FF)	
\n	0x0a	newline(행바꿈)(LF)	다음 행의 선두로 커서를 이동
\r	0x0d	carriage return(선두복귀)(LF)	커서를 동일한 행의 선두로 이동
\t	0x09	tab(HT,텝)	다음 텝 위치까지 커서를 이동
\\	0x5c	backslash(\)	
\'	0x2c	single quote(')	
\?	0x3f	pueston mark(?)	
\"	0x22	double quote(")	

프로그램 보기 1:

```
main()  /* 함수이름.                            */
        /* C 프로그램의 실행은 항상 main()함수로 부터 시작 */
{       /* 함수 본체(body)  시작                  */
}       /* 함수 본체 (body) 끝                    */
```

프로그램 보기 2:
```
# include  <stdio.h>   /*  standard input output header      */
                        /*  입출력에 관한 정보가 들어 있는 파일 */
    /* #는 선행처리기에 의하여 처리                    */
    /* 선행처리기란 컴파일하기 전에 처리해야 할 일들을 수행    */
#include<conio.h>  /*  CONsole Input. Output header */
```

```
 main()
{
   int ch;

   printf("my name is Lee \n");      /* \n 은 행 바꿈(newline)       */
   ch = getch();
}
```

프로그램 보기 3:

```
# include   <stdio.h>   /*   standard input output header           */
main()
{
  printf("Line NO. 1");
  printf("Line NO. 2");
}
```

프로그램 보기 4 :
include <stdio.h>   /* standard input output header   */

main()
 {   /* main 프로그램 시작 */

  printf("TTTTTTT U   U   \n");
  printf("   T   U   U   \n");
  printf("   T   U   U   \n");
  printf("   T   U   U   \n");
  printf("   T   UUUUU   \n");
}   /* main 프로그램 끝 */

프로그램 보기 5 :

# include <stdio.h>   /* standard input output header   */
main()
{
    printf("==   \n");
    printf(" * 성 명 : 홍 길 동   \n");
    printf("==   \n");
    printf(" * 직 업 : 학생   \n");
    printf("==   \n");
    printf("*생년월일: 1997년 5월 5일   \n");
    printf("==   \n");
    printf("*전화번호: (055)777 - 7777   \n");
    printf("==   \n");

}

프로그램 보기 6:
　box를 만드는 프로그램을 작성하시오

```
# include  <stdio.h>   /*  standard input output header          */
#include<conio.h>  /*  CONsole Input. Output header */

main()
{     /* 프로그램 시작 */

int ch;

  printf("================================================ \n");
  printf("==                                            == \n");
  printf("==                                            == \n");
  printf("==                                            == \n");
  printf("==                                            == \n");
  printf("==                                            == \n");
  printf("================================================ \n");
  ch = getch();

}     /* 프로그램 끝 */
```

프로그램 보기 7:
　box를 만드는 프로그램을 작성하시오

```
#include <stdio.h>
#include <conio.h>

main()
{
  int i;                 /* 정수형 제어 변수 i 선언    */

  for (i = 1; i <= 255; i++)    /* i는 제어 변수            */
```

```c
{            /* for문 시작,  명령문이 복합문일 경우에는 중괄호{}  */
   printf("%d \n", i); putchar(i);
}            /* for문 끝         */


printf("\n\n box를 만드는 프로그램입니다.\n\n\n");

for (i = 1; i <= 80; i++)        /* i는 제어 변수              */
{            /* for문 시작,  명령문이 복합문일 경우에는 중괄호{}  */
   putchar(61);  /* = */
}            /* for문 끝         */

printf("\n");

putchar(61);
/* 아스키 코드값에 해당하는 문자를 화면 출력 */
putchar(61);

for (i = 3; i <= 78; i++)        /* i는 제어 변수              */
{            /* for문 시작,  명령문이 복합문일 경우에는 중괄호{}  */
   putchar(32);   /* " " */
}            /* for문 끝         */
putchar(61);
/* 아스키 코드값에 해당하는 문자를 화면 출력 */
putchar(61);
printf("\n");

for (i = 1; i <= 80; i++)        /* i는 제어 변수              */
{            /* for문 시작,  명령문이 복합문일 경우에는 중괄호{}  */
   putchar(61);  /* = */
}            /* for문 끝         */

printf("\n");
```

```
        getch();
}


프로그램 보기 8 :

#include <stdio.h>      /*     Header File                           */

main()
{                       /* 함수의 본체(body)의 시작                    */

    int a;              /* 정수형 변수 선언                           */

    a = 12;             /* 변수 a 에 12를 대입                         */
    printf ("a의 값   %d \n", a);    /* %d 는 정수형에 a 값이 대입    */
}                       /* 함수의  본체(body)의 끝                     */


프로그램 보기 9 :

#include <stdio.h>

main()
{
    static char a[30] = "Korea"; /*    문자형변수선언              */
                /* 배열 크기 30                              */
                /* 문자형 정적 배열 변수 a에 초기값으로 Korea을 대입 */

    printf (" 한국   %s      \n", a); /* 문자형 변환변수 %s          */
}
```

프로그램 보기 10 :

```c
#include <stdio.h>
#include <conio.h>

main()
{
    char  c = 'a';                  /*  문자형 변수 c 선언, 초기값 지정    */
    int   a = -111;                 /*  정수형 변수 a 선언, 초기값 지정    */
    int   b;                        /*  정수형 변수 b 선언               */
    float f = 123.3456;             /*  실수형 변수 f 선언,  초기값 지정   */


    printf("10진수         int a == %d \n", a);
    /* " " 안의 내용이 출력되는데  %d 자리엔 정수 a가 10진수로 출력    */
    printf("8진수          int a == %o  \n", a);
    /* " " 안의 내용이 출력되는데 %o 자리엔 정수 a가 8진수로 출력      */
    printf("16진수         int a == %x  \n", a);
    /* " " 안의 내용이 출력되는데 %x 자리엔 정수 a가 16진수로 출력     */
    printf("부호없는 10진수 int a == %u   \n", a);
    /* " " 안의 내용이 출력되는데 %u 자리엔 정수 a가 부호없는 10진수로 출력 */
    printf("문자           char c == %c \n", c);
    /* " " 안의 내용이 출력,      %c 자리엔 문자 c가 출력            */
    printf("실수           float f == %f \n", f);
    /* " " 안의 내용이 출력,      %f 자리엔  실수 f가 출력           */
    printf("실수           float f == %e \n", f);
    /* " " 안의 내용을 출력,     %e 자리엔  실수 f가  출력           */
    printf("실수           float f == %g \n", f);
    /* " " 안의 내용을 출력,     %g 자리엔  실수 f가   출력          */
    printf("정수           int  a == %5d \n", a);
    /* " " 안의 내용을 출력 ,    %5d는 5자리 띄우고 정수 a가 출력    */
    printf("정수           int  a == %-5d \n", a);
    /* " " 안의 내용을 출력 ,   %-5d는 음수이므로 자리를 띄울수가 없음    */
    printf("실수           float f == %6.2f \n", f);
    /* " " 안의 내용을 출력,    %6.2f는 6자리를 띄우고 소수점 2자리까지 출력 */
```

```
    a = 100;    /* a 에 100을 대입 */
              /* 변수 a는 정수형(int)로 선언 하였으므로 정수만을 대입 */
              /* a = 'A'; 또는 a = 12.34 는 불가                    */
    b = 15;
    c = 'A';    /* 변수 a는 문자형(char)로 선언 하였으므로 문자만을 대입 */
    f = 0.14;
    /* 변수  f는 실수형(float)로 선언 하였으므로 실수 또는 정수형으로 대입 */
    printf(" a = %10d,  b = %15d, c = %10c, f = %6.2f \n", a, b, c, f);
    getch();
}
```

- 식별자 (identifier)
  - 프로그래머가 프로그램에 있어 사용하는 변수, 함수, 상수 등에 부여한 이름.
  - 영문자와 숫자들로 구성. 첫문자는 영문자로 구성.
  - 대문자와 소문자는 구별 되며 서로 다른 변수명이 된다.
  - 변수명 길이는 상관 없으나 보통 8문자만이 유효.

- 예약어(reserved word) 혹은 키워드(keyword)
  - C 언어에서 예약되어 있는 식별자
  - 예약어를 변수로 사용하는 것은 허용하지 않음.

- C 언어 예약어

자료형	제어구조	연산자
char short int long float double	if else switch case default	sizeof
unsigned auto static extern register	for while do goto break	
typedef struct union	continue return	

- 주석문
  - 프로그램 내용을 설명, 기술하는데 사용되는 문자
  - 다른 프로그래머가 원시프로그램(source program)을 볼 때 용이
  - 프로그램 개발시 의사코드(psheudo code) 기반으로 각 함수, 변수 설명
  - 주석문은 /* 로 시작하여 */ 로 끝남
  - 컴파일러는 주석문을 만나면 공백으로 취급

• 구분 기호

기 호	의 미	보 기
;	명령문, 변수선언	int a: a = 10;
:	레이블(Label)	end :

{ }	복합문, 여러개의 명령문	for(i=0; i<10; ++i)
		{
		   a[i] = a[i] + 10;
		   sum = sum + a[i]
		}

( )	제어문 (for, while, switch, if) 함수 인수	while(i <10) main(argc,argv)
[ ]	배열 원소	int a[10];
<>	파일연결(#include문)	#include <stdio.h>
' '	한 문자	c = 'C';
" "	문자열 파일연결(#include문)	st= "Korea"; #include "stdio.h"
\	제어문자	printf("\n");
%	변환문자	printf("%d", i);

• 명령문

1. 단일문(single statement)
   - 세미콜론으로(;)으로 끝난 하나의 문장
   - 보기
     a = a + 10;

2. 복합문
   - 중괄호({})로 묶인 하나의 문장 블록
   - 보기
     {
       a = a + 10;

```
        b = b + 10;
    }
```

3. 공문
   - 중괄호({})내에 세미콜론만 있는 문장
   - 보기
     { ; }

- 상수, 변수

1. 상수 (constant)
   - 상수 : 변수에 기억되는 일정한 값

   - 종류
     1) 정수형 상수(integer constant)
        보기) 100, -10, 30...
        a) 10진 상수(decimal constant)
           * 사용 숫자 : 0-9
           * 보기: 10, -34, ...
        b) 8진 상수(octal constant)
           * 사용 숫자 : 0-7
           * 앞에 0(숫자)을 표기
           * 보기: 0123, -0123
        c) 16진 상수(hexadecimal constant)
           * 사용 숫자 : 0-9, A-F(또는 a-f)
           * 앞에 0x를 표기
           * 보기: 0x123, -0x123

     2) 부동 소수점 상수(floating, real, point constant)

* 실수이므로 소수점으로 표시

* 보기: 3.14, -4.343 …

 3) 문자 상수(character constant)

  * 한문자를 ' ' 안에 표시

  * 보기 : 'a', 'A', '1', '0', '#', ' ' …

 4) 문자열 상수(string constant)

  * 문자열(스트링 string)을 인용부호(" ")안에 표시

  * 문자열 끝에는 널(null) 문자('\0')가 추가

  * 보기 : "korea", "aaa", "0123", "0", ""…

 5) 기호 상수(symbol constant)

  * 보기 : #define TRUE 1

2. 변수

 - 변수 ?

  * 상수를 기억하는 기억장소

  * 변수를 사용하기 전에는 반드시 선언을 하여야 한다.

  * 변수 선언은 명령 실행부 앞에 선언

 - 종류

  1) 정수형 변수(integer variable)

   short, unsigned short, int, unsigned int, long, unsigned long

  2) 실수형 변수(real variable)

   float, double

  3) 문자형 변수(character variable)

   char, unsigned char

프로그램 보기 11 :
#include 〈stdio.h〉

```
main()
{
   int a;          /*  정수형 변수 선언          */
   float b;        /*  실수형 변수 선언          */
   char ch;        /*  문자형 변수 선언          */

   a = 5;
   b = 10.24;
   ch = ′c′;
}
```

• 문자선언 char ch1, *ch2, ch3〔 〕 의 비교.

⁻ ch1 와 *ch2의 차이점.
　문자변수 ch1에는 한문자 만을 할당할 수 있다.
　보기: ch1 = ′c′;

　문자변수 ch2(포인터 변수) 문자열을 할당.
　보기: ch2 = ″abc″;

　문자변수 ch3(문자배열변수)로서 문자열을 할당할 수 있다.
　보기: ch3〔4〕 = ″abc″

프로그램 보기 12 :

```
/*****************************************************/
/*                                                   */
/*   파일명 :  ADDRESS.C                             */
/*   날  짜 :  20135.3.16                            */
/*   성  명 :  홍 길 동                              */
/*                                                   */
/*****************************************************/

#include <stdio.h>
#include <conio.h>

main()
{

    char ch1, ch2;                /* 문자   선언                    */
    char *st1, *st2, *st3;        /* 포인터를 사용한 문자열 선언     */
    static char a1[5], a2[5], a3[10]; /* 문자 배열 선언             */
    static char b1[]=" 서울시 종로구 ";   /* 정적 문자 배열 선언 */

    st1 = "성 명 :  ";
    st2 = " 홍 길 동 ";
    st3 = "주 소 :  ";
    a1[0] = 'A';
    a1[1] = 'P';
    a1[2] = 'T';
    a2[0] = 'T';
    a2[1] = 'E';
    a2[2] = 'L';
    ch1 = ':';
    a3[0] = '6';
    a3[1] = '7';
    a3[2] = '8';
    a3[3] = '-';
    a3[4] = '5';
```

```
        a3[5] = '6';
        a3[6] = '5';
        a3[7] = '4';
        printf("%s%s\n",st1, st2);
        printf("%s%s%s \n",   st3, b1, a1);
        printf("%c %c %c %c    %s \n", a2[0],a2[1],a2[2], ch1, a3);
        printf("*** 아무키나 누르시오 ***");
        getch();
}
```

3-2. 표준 입력 함수 scanf()

- 형식

    scanf (문자열, 인수1, 인수2......)

    - scan formatted
    - 키보드로부터 입력 받음
    - 선언된 변수가 정수형 또는 실수형 일때는 변수명 앞에 &를 사용한다.
        & 는 변수가 존재하는 장소, 즉 포인터(pointer)가 가리키는 주소이다.
    - 선언된 변수가 문자열일때는 변수명 앞에 &를 사용하지 않는다.
    - 아무 입력하지 않고 space(공백)만 넣으면 입력되지 않음.
    - 문자열에는 변환문자 사용.
    - 보기
    scanf("%d", &a);
    scanf("%f", &f):
    scanf("%c", &c);
    scanf("%s", st)
    scanf(" a를 입력하시오 %s ", a);   사용 불가

프로그램 보기 13:

```
/*****************************************************************/
/*                                                               */
/*  프로그램 명 :      T E S T  0 13                             */
/*                                                               */
/*****************************************************************/

#include <stdio.h>    /*  Standard Input Output Header  */
#include <conio.h>    /*  Console Input Output Header  */

main()
{
    char st[25];          /* 문자열 배열 선언         */
    int b;                /* 정수형 변수 선언         */

    printf("문자열을 입력하시오 :");
    scanf("%s",st);
     /* 문자열 입력이므로 &가 없음,  %s 문자열 변환문자 */
    printf("정수를 입력하시오 :");
    scanf("%d", &b);  /* 정수 입력 &에 주의,   %d 정수형 변환 문자*/
    printf("**** 문자열    : %s ****\n", st);
     /* 입력 받은 문자열 출력 */
    printf("**** 입력 정수 : %d ****\n",b);    /* 입력 받은 정수 출력 */
    printf("*** 아무키나 누르시오 ***");
    getch();                          /* 임의의 한문자를 입력받음  */
}
```

프로그램 보기 14 :

```
/**************************************************************/
/*                                                            */
/*    프로그램 명 : TEST014                                    */
/*                                                            */
/**************************************************************/

#include <stdio.h>   /* 선행처리기                             */
                     /*  Standard Input Output Header(표준 입출력 헤더) */
#include <conio.h>  /*  Console Input Output Header(콘솔 입출력 헤더)  */


main()                    /*  주함수                 */
{
    int a, b, c;          /* 정수형 변수 선언          */
    int div, mod;

    printf("세 정수를 입력받아 (a+b)/c 의 몫과 나머지를 구하는 프로그램\n");
    printf("정수값을 입력하세요 \n");
    scanf("%d", &a);     /*  정수  입력             */
    printf("정수값을 입력하세요 \n ");
    scanf("%d", &b);
    do  /* 반복문  */
    {
      printf("정수값을 입력하세요 \n ");
      scanf("%d", &c);        /*  정수를 입력            */
    } while (c == 0);         /* c 가 0 이면 계속 반복  */
    div  = (a + b) / c;       /*  몫을 나타냄             */
    mod  = (a + b) % c;      /*  나머지를 나타냄          */
    printf("(%d + %d) / %d = 몫 %d    나머지 %d\n",  a, b, c, div, mod);
    printf("*** 아무키나 누르시오 ***");
    getch();                    /* 임의의 한문자를 입력받음  */
}
```

프로그램 보기 15 :

```
/**************************************************************/
/*                                                            */
/*    파일이름  :  TEST015                                     */
/*                                                            */
/**************************************************************/

#include <conio.h>
#include <stdio.h>

main()
{

    int a1,b1,c1;
    float a,b,c;

    printf("*** A 값을 구하시오.*** \n");
    printf("1. 덧셈   A = b + c \n");
    printf("2. 뺄셈   A = b - c \n");
    printf("3. 곱셈   A = b * c \n");
    printf("4. 나눗셈 A = b / c \n");
    printf("5. 나머지 A = b %% c \n\n");
    printf("# 실수 B를 입력 하시오 === \n");
    scanf("%f",&b);
    printf("# 실수 C를 입력 하시오 === \n");
    scanf("%f",&c);
    a = b + c;
    printf("결과1 : %10.2f  +   %10.2f = %10.2f \n",b,c,a);
    a = b - c;
    printf("결과2 : %10.2f  -   %10.2f = %10.2f \n",b,c,a);
    a = b * c;
    printf("결과3 : %10.2f  *   %10.2f = %10.2f \n",b,c,a);
```

```
        a = b / c;
        printf("결과4 : %10.2f   /    %10.2f = %10.2f \n\n",b,c,a);
        printf("# 정수 B1를 입력 하시오 === \n");
        scanf("%d",&b1);
        printf("# 정수 C1를 입력 하시오 === \n");
        scanf("%d",&c1);
        a1 =  b1 % c1;
        printf("결과5 : %10d    %%    %10d = %10d \n",b1,c1,a1);
        printf("*** 아무키나 누르시오 ***");
        getch();
    }
```

4장 : C 언어 자료형(Data Type)

4-1. 자료형(Data Type)의 분류

- 자료형 종류
  - 상수 : 변수에 기억되는 일정한 값
  - 변수 : 상수를 기억하는 기억장소
  - 열거형 자료   : enum
  - void형 자료
  - 배열형 자료   : 〔〕
  - 포인터형 자료   : *
  - 구조체 자료   : struct

- 상수(constant)

  - 상수를 대입하기 위하여 반드시 상수 자료형과 일치하는 변수 자료형을
    선언하여야 한다.

· 상수의 종류

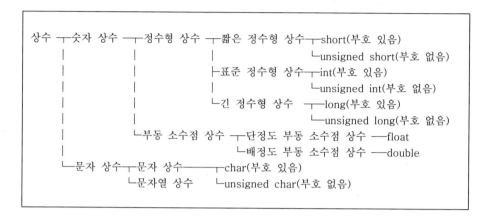

1. 정수형 상수 (integer constant)

정수형 상수를 사용하기 위하여 정수형 변수 선언하여야 한다.

정 수 형 상 수		
10진 정수	8진 정수	16진 정수
10	012	0xa or 0xA
132	0204	0x84
32179	076663	0x7db3

긴 정 수 형 상 수		
10진 정수	8진 정수	16진 정수
10*l*	012*l*	0xa*l*
79*l*	0115*l*	0x4f*l*

· 프로그램 보기 16 :

```
/****************************************************************/
/*                                                              */
/*    파일이름  :  TEST016                                        */
/*                                                              */
/****************************************************************/

#include <conio.h>
#include <stdio.h>

main()
{
  short a;                  /*  짧은 정수형 변수 선언    부호 있음   */
  unsigned short b;         /*   짧은 정수형 변수 선언    부호 없음   */
  int c, d, e;              /*  정수형 변수 선언          부호 있음   */
  unsigned int f;           /*  정수형 변수 선언          부호 없음   */
  long g;                   /*  긴 정수형 변수 선언        부호 있음   */
  unsigned long h;          /*  긴 정수형 변수 선언        부호 없음   */

  a = 10;
  printf(" a   %d   \n ", a);
  a = -10;
  printf(" a   %d   \n ", a);
  b = 10;
  printf(" b   %d   \n ", b);
  b = -10;
  printf(" b   %d   \n ", b);
  c = 100;          /* 정수형 변수에 정수형 상수 대입  */
  d = 200;
  e = a + b;
  printf("***  c   %d + d %d 의 결과는  e %d  이다.*** \n", c, d, e);
  f = 10;
  printf(" f   %d   \n ", f);
```

```
      f = -10;
      printf(" f  %d    \n ", f);
      g = 10;
      printf(" g  %ld    \n ", g);
      g = -10;
      printf(" g  %ld    \n ", g);
      f = 10;
      printf(" f  %ld    \n ", f);
      f = -10;
      printf(" f  %d    \n ", f);
      printf("*** 아무키나 누르시오 ***");
      getch();
}
```

  2. 부동 소수점 상수(floating point constant)

    · 실수 값을 표현
    · 실수형 상수를 사용하기 위하여 실수형 변수 선언하여야 한다.

프로그램 보기 17 :

```
/**************************************************************/
/*                                                            */
/*    파일이름  :  TEST017                                    */
/*                                                            */
/**************************************************************/

#include <conio.h>
#include <stdio.h>

main()
{
    float a, b, c;        /* 실수형 변수 선언 */
```

```
        double  d;

        a = 10.345;          /* 실수형 변수에 실수형 상수 대입  */
        b = 20.8712;
        c = a + b;
        printf("\n\n***   a   %f + b %f 의 결과는   c %f   이다.*** \n\n", a, b, c);
        d = 13.45;
        printf("d = %f   ", d);
        printf("*** 아무키나 누르시오 ***");
        getch();
}
```

3. 문자 상수(character constant)

- 한 개의 문자를 표현하며 한 문자는 8비트(1바이트)를 처리
- 문자형 상수를 사용하기 위하여는 문자형 변수 선언하여야 한다.
- 단일 인용부호(' ')로 사용
- 보기 : 'a', 'b', '1', '0'

제어 문자	제어 문자 이름	정수값	기 능
₩a	alert	7	벨 문자
₩₩	backslash	92	"₩"기호 표시
₩b	backspace	8	1문자 앞으로 이동
₩r	carriage return	13	동일한 행의 선두로 이동
₩"	double quote	34	double quotation 표시
₩f	formfeed	12	formfeed 표시
₩t	horizontal tab	9	수평으로 tab 이동
₩n	new line	10	행 바꿈
₩o	null character	0	널 문자
₩'	single quote	39	single quotation 표시
₩v	vertical tab	11	수직으로 tab 이동

· 프로그램 보기 18 :

```
/*******************************************************************/
/*                                                                 */
/*    파일이름  :  TEST018                                          */
/*                                                                 */
/*******************************************************************/

#include <conio.h>
#include <stdio.h>

main()
{
  char a = '1';        /*  문자형 변수 선언, 초기값 a = 'g',  부호 있음  */
  char b = '2';        /*  문자형 변수 선언, 초기값 b = 'o',  부호 있음  */
  char c, d;           /*  문자형 변수 선언, 초기값         부호 있음  */
  unsigned char e, f;  /*  문자형 변수 선언, 초기값         부호 없음  */

  c = '3';
  d = '4';
  e = '5';
  f = '6';
  printf("*** 실행 결과 ***\n\n");
  printf("%c%c %c%c%c%c   ",a,b,c,d,e,f );
  printf("*** 아무키나 누르시오 ***");
  getch();
}
```

· 프로그램 보기 19:

```
/******************************************************************/
/*                                                                */
/*    파일이름 :  TEST019                                         */
/*                                                                */
/******************************************************************/

#include <conio.h>
#include <stdio.h>

main()
{                                    /*  함수 본체 시작          */

  char a = 'A', b = 'B';             /*  문자 상수 선언          */

  printf("\n%c \n%c", a, b);         /*  행 바꿈                 */
  getch();
  printf("\n%c \t%c", a, b);         /*  수평 탭 이동            */
  getch();
  printf("\n%c \b%c", a, b);         /*  1문자 앞으로 이동       */
  getch();
  printf("\n%c  %c\r", a, b);        /*  커서가 행 선두로 이동   */
  getch();
  printf("\n\\%c\'%c\"\a", a, b);
    /*  \\는 \기호 표시,          \'는 single quotation         */
    /*  \"는 double quotation,  \a는 벨 소리를 낸다.           */
  printf("*** 아무키나 누르시오 ***");
  getch();
}                                    /*함수 본체 끝              */
```

4. 문자열 상수(string constant)

· 문자열 상수를 사용하기 위하여는 문자형 변수 선언하여야 한다.
· 문자열(string)을 표현
· 인용부호(" ")를 사용
· 문자열의 마지막에 널(null)문자('\0')자동적으로 부가됨

* 프로그램 보기 20 :

```
/********************************************************************/
/*                                                                  */
/*    파일이름  :  TEST020                                          */
/*                                                                  */
/********************************************************************/

#include <conio.h>
#include <stdio.h>

main()
{
  int i;                        /* 정수형 선언                    */
  char st[ ] = "Seoul";         /* 문자형 선언                    */
  char *s;


  s = "Korea";
  for (i = 0; i < 5; i++)       /* 초기값 0; 5보다 작을때까지; 1씩 증가   */
  {
    printf("st[%d]->%c \n", i, st[i]);
  }                             /*  반복문 끝                         */
  printf("\n st[ ]->%s \n", st);
  printf("\n s    ->%s \n", s);
  printf("*** 아무키나 누르시오 ***");
```

```
    getch();
}
```

- 변수(variable)

  · 변수 : 상수를 기억시키기 위한 기억 장소
  · 변수 종류

    - 정수형 변수
        short(부호 있음)
        unsigned short(부호 없음)
        int(부호 있음)
        unsigned int(부호 없음)
        long(부호 있음)
        unsigned long(부호 없음)

    - 실수형 변수
        float
        double

    - 문자형 변수
        char(부호 있음)
        unsigned char(부호 없음)

1. char 형

  · char 형 변수크기   : 1 바이트(8비트)
  · char 형 변수범위   : -128 ~ +127
  · unsigned char 형 변수범위 :   0 ~ 255

· char 형 선언형식 :

    char   ch1, ch2;

2. short형

  · short형 변수 크기　　　: 2바이트(16비트)
  · short형 변수 범위　　　: -32768 ~ +32767
  · unsigned short형 범위 :　　0　~　65535

  · short형 선언 형식
    short   a1, a2, ...;
    unsigned short b1, b2, ...;

  * 정수형 변수에서 unsigned로 선언하면 부호가 없는 정수(0을 포함한
    양의 정수)로 취급되며, unsigned를 선언하지 않으면 최상위 비트가 부호비트로
    취급하여 부호있는 정수가 된다.

3. int형

  · int형 변수 크기　　　: 2 바이트(16비트)
  · int형 변수 범위　　　: -32,768 ~ +32,767
  · unsigned int형 범위 :　　0　~　65,535

  · int형 선언 형식
  int i1, i2...;
  unsigned int u1, u2...;

4. long int형

- · long int형 변수 크기   : 4바이트 (32비트)
- · long int변수 범위   : -2,147,486,684 ~ +2,147,483,647
- · unsigned long int형 범위 :   0   ~ 4,294,967,295

- · long int형 선언 형식
  long int li1, li2,...;
  unsigned long int uli1, uli2...;

5. float 형

- · float형 변수크기 : 4 바이트 (32비트)
- · float형 변수범위 : 10-38 ~ 10+38

- · float형 선언형식
  float f1, f2;

6. double 형

- · double형 변수크기 : 8 바이트 (64비트)
- · double형 변수범위 : 10-306 ~ 10+306

- · double형 선언형식
  double d1, d2;

- 변수 선언에 대한 변수형 및 변위 범위

변수 종류	변수 범위	바이트/비트수	부호	자료형
char	−128 ~ +127	1 / 8	있음	문자형
unsigned char	0 ~ 255		없음	
short	−32768 ~ +32767	2 / 16	있음	정수형
unsigned short	0 ~ 65535		없음	
int	−32,768 ~ +32,767	2 / 16	있음	정수형
unsigned int	0 ~ 65,535		없음	
long	−2,147,486,684 ~ +2,147,483,647	4 / 32	있음	정수형
unsigned long	0 ~ 4,294,967,295		없음	
float	10^{-38} ~ 10^{+38}	4 / 32	있음	실수형
double	10^{-306} ~ 10^{+306}	8 / 64	있음	실수형

4-2. C 언어 기억 클래스

· 기억 클래스 (storage class)
　메모리 상의 어느 위치에 변수를 할당 할 것인가를 결정

· 기억 클래스 종류
　* auto(자동변수)
　* register(레지스터 변수)
　* static(정적 변수)
　* extern(외부 변수)
　* typedef

기억 클래스의 종류	기억 장소	기 능	보 기
auto (자동 변수)	스택 (stack)	선언된 실행 단위 블록 내에서만 유효하고 그 블록을 벗어나면 값이 보존되지 않는다. 기억 클래스를 선언하지 않으면 auto로 지정된다,	int a;
register (레지스터 변수)	CPU의 레지스터	auto변수와 동일하며 사용 빈도가 높고 고속화를 하기 위해 CPU의 내부 레지스터에 변수 영역을 확보할 때 사용한다.	register int a;
static (정적 변수)	일반적인 메모리	선언된 실행블록에서 실행되며 그 블록을 벗어나도 그 값은 그대로 보존된다.	static int a;
extern (외부 변수)		서로 다른 외부 프로그램 모듈에서 선언된 변수를 상호 인도하여 사용할 수 있게 선언한다.	extern int a;
typedef		새로운 자료형을 선언	typedef int BOOL;

1. auto 변수

· 자동변수

　스택(stack) 영역에 기억
· 선언한 블록을 벗어나면 값은 보존되지 않는다.
· 스택

　일시적으로 변수의 값을 저장해 두는 공용의 기억 영역
　LIFO(Last In First Out)
· 변수 선언 형식

　일반적으로 auto 변수 선언 생략
　auto int i;
　int i;

2. register 변수

· register 변수

- cpu의 레지스터에 기억
- 사용 빈도가 높고, 연산의 고속화를 위한 변수
- cpu에서 사용 할 수 있는 레지스터 수는 제한되어 있으므로 무제한으로 레지스트 변수 선언 할 수 없음.
- char형, short형, int형 및 포인터만이 선언 가능
- 레지스터의 비트수가 16비트의 이상의 long, double은 사용할 수 없음

· 변수 선언 형식

register 자료형〔 char,short,int 〕, 변수명;
보기 : register   int   a;
          register   char ch;
          register   short b;

· 프로그램 보기 21 :

```
/******************************************************************/
/*                                                                */
/*    파일이름  :   TEST021                                        */
/*                                                                */
/******************************************************************/

#include 〈conio.h〉
#include 〈stdio.h〉

main()
{
  register int a,b,c;

  a = 50 ;
  b = 30 ;
```

```
    c = a + b ;
    printf(" a = %d   b = %d   c = %d \n", a, b, c);
    printf("*** 아무키나 누르시오 ***");
    getch();
}
```

3. static 변수

· static 변수
  - 일반 메모리 영역에 기억
  - 변수 선언 후, 컴파일러가 기억 장소를 할당하면, 항상 그 장소에 값을 저장함
    그러므로 서로 다른 함수에서 공통으로 사용되는 변수나 실행단위 블록을 벗어난
    후에도 값을 기억해야 할 경우에 사용.

· 변수 선언 형식

    static 자료형 변수명 …;

· 프로그램 보기 22 :

```
/****************************************************************/
/*                                                            */
/*   파일이름  :  TEST022                                      */
/*                                                            */
/****************************************************************/



#include<stdio.h>
#include <conio.h>
```

```c
void line_01()
{
   int i;     /* 정수형 선언  */

   for(i=1; i<=80; i++)
   {
       printf("=");
   }
   printf("\n");
}


main()       /* 주함수 선언         */
{            /* 프로그램 본체의 시작 */

   static char a[] = "made";   /* 문자형 정적 변수 선언 및 초기값 지정 */
   static char b[] = "in";     /* 문자형 정적 변수 선언 및 초기값 지정 */

   static char c[] = "Korea";  /* 문자형 정적 변수 선언 및 초기값 지정 */
   int i;                      /* 정수형 선언                        */

   line_01();                  /* 부함수 호출    */
   for ( i = 0; i <= 3; i++)
   {
       printf("%c\n", a[i]);
   }
   line_01();                  /* 부함수 호출    */
   for ( i = 0; i <= 1; i++)
   {
       printf("%c\n", b[i]);
   }
   line_01();                  /* 부함수 호출    */
   for ( i = 0; i <= 4; i++)
   {
       printf("%c", c[i]);
   }
```

```
    printf("\n");
    line_01();                    /* 부함수 호출     */
    printf("%s %s %s\n",a,b,c);
    printf("*** 아무키나 누르시오 ***");
    getch();        /* 일시정지 후 아무키나 누르면 실행 */
}
```

4. extern 변수

· extern 변수

  – 일반 메모리 영역에 기억
  – 외부 파일에서 변수 선언을 의미하며 분할 컴파일하는 경우
  – 여러개의 원시 파일(source file)에 있는서로 공유하는 변수를 참조하고자
    할 경우에 사용.

· 변수 선언 형식
    extern 자료형 변수명...;

· 프로그램 보기 23 :

```
/************************************************************/
/*                                                          */
/*    파일이름  :  TEST023                                   */
/*                                                          */
/************************************************************/

void printstar()
{
  printf("****************  \n");
}
```

· 프로그램 보기 24 :

```
/**************************************************************/
/*                                                            */
/*    파일이름 :  TEST024                                     */
/*                                                            */
/**************************************************************/

#include<stdio.h>
#include <conio.h>
#include "test23.c"        /* 또는  #include <c:\work\test024.c>    */

extern void printstar();

 main()
{
  printstar();
  getch();
}
```

5. typedef 변수

· typedef 변수
  - 프로그래머가 새로운 자료형을 작성할 때 사용하는 변수

· 선언 형식
  typedef 자료형(데이타형), 새로운 자료형(data형)

· 보기:
    struct person   /*구조체 person의 선언*/
    {
        char name[60];

```
        char address[100];

        char tel[20];

        int sex;

    }

    typedef struct person student;
        /* 구조체 person을 새로운 데이터형 student으로 사용*/


    student data[100];  /* student 선언*/
```

· 프로그램 보기 25 :

```
/*****************************************************************/
/*                                                               */
/*    파일이름  :  TEST025                                       */
/*                                                               */
/*****************************************************************/

#include <conio.h>
#include <stdio.h>

int main(void)
{
  printf("*** 자료의 형의 크기를 구하는 프로그램 ***\n\n");
  printf("char: %d byte \n",  sizeof(char));
  printf("short: %d bytes \n", sizeof(short));
  printf("int: %d bytes \n", sizeof(int));
  printf("long: %d bytes \n", sizeof(long));
  printf("float: %d bytes \n", sizeof(float));
  printf("double: %d bytes \n", sizeof(double));
  printf("****** 아무키나 누르세요. ******");
  getch();
}
```

보기:
· 프로그램 보기 26 :

```
/****************************************************************/
/*                                                              */
/*    파일이름  :  TEST026                                      */
/*                                                              */
/****************************************************************/

#include <conio.h>
#include <stdio.h>
#include <limits.h>

main()
{
  printf("signd    char    min   = %8d \n", SCHAR_MIN);
  printf("signd    char    max   = %8d \n", SCHAR_MAX);
  printf("signd    short   min   = %8d \n", SHRT_MIN);
  printf("signd    short   max   = %8d \n", SHRT_MAX);
  printf("signd    int     min   = %8d \n", INT_MIN);
  printf("signd    int     max   = %8d \n", INT_MAX);
  printf("signd    long    min   = %8d \n", LONG_MIN);
  printf("signd    long    max   = %8d \n", LONG_MAX);
  printf("unsignd  char   max   = %8d \n", UCHAR_MAX);
  printf("unsignd  char   max   = %8d \n", UCHAR_MAX);
  printf("unsignd short  max   = %8d \n", UINT_MAX);
  printf("unsignd short  max   = %8d \n", ULONG_MAX);
  printf("****** 아무키나 누르세요. ******");
  getch();    /* 화면 일시정지 */
}
```

4-3. 지역변수(local variable), 전역변수(global variable)

종 류	선언	사용가능한 기억 클래스	의 미
지역 변수	함수의 안에서 선언	auto, register, static	선언된 함수안에서만 유효
전역 변수	함수의 밖에서 선언	static, extern	모든 실행 단위에서 유효

1. 지역 변수

- 선언된 실행 단위 블록 내에서만 유효
- auto 변수

  스택에 일시 기억되므로 선언된 실행 단위를 탈출하면 그 값을 잃어버리게 된다.
- static변수

  메모리 상에 변수 영역이 항상 지정되어 실행 단위를 탈출하여도

  그 값은 계속해서 보존된다. 또한 변수의 초기화는 컴파일시에 한번만 실행한다.

2. 전역 변수
- 모든 실행단위 블록에서 유효한 변수이다.
- 함수의 밖에서 선언
- main 함수() 앞에 선언
- 기억 클래스는 static, extern으로 선언된다.
- 프로그램 모든 실행단위에서 사용할 수 있다.
- 전역 변수와 같은 이름의 지역 변수가 존재할 경우에는 지역 변수가 우선한다.

3. 변수의 유효 범위

(1) 전역 변수의 유효 범위
- 실행 단위 블록의 외부에서 변수가 선언되면 그 변수는 그 이후의

모든 실행 단위 블록에서 유효

(2) 지역 변수의 유효 범위
· 어떤 변수가 실행 단위 블록 내부에서 선언되면 그 실행 단위
  블록 내에서만 유효
· 여러 개의 블록이 중첩되어 있을 때 그 실행 단위 블록안에서 선언된 변수는
  실행 단위 내에서만 유효하고, 실행 블록 밖에서 선언되어진 변수는
  그 실행 블록에서 선언된 변수가 유효하다.

4. 변수의 초기화

(1) 자동(auto) 변수의 초기화
· 할당 영역이 스택이므로 해당 실행 단위 블록을 벗어나면 그 값을 상실
· 해당 문장을 만날 때마다 값이 초기화
· 만약 초기 값이 선언되지 않은 경우 auto와 register 변수는 값이 부정

(2) 정적(static) 변수의 초기화
· 해당 실행 단위 블록을 벗어나도 메모리에 그대로 존재
· 컴파일시 한번만 초기화
· 만약 초기 값이 선언되지 않은 경우 정적 변수는 0이 된다.

5. 기억 클래스와 변수 초기화

기억 클래스	초기화	초기값	초기값 생략	배열, 구조체, 공용체의 초기화
auto register	해당 문장을 만날 때마다 값이 초기화	정수값/변수값 모두 가능	부정	불가능
static	컴파일시에 한번만 초기화	정수값만 가능	0	가 능
extern	초기화 불가능			

6. 변수 초기화 형식

· 변수의 선언 = 초기화(식);
· 변수 초기화 보기

분 류	변수 선언 초기화
숫 자	static int a = 12; int b = (a * 2);
문 자	char c = 'S';
배 열	static int a[3] = {1, 2, 3}; static char a[2][2] = {{'a','b'}, {'c','d'}}; static int a[][3] = {{1,2,3},{4,5,6},{7,8,9}};
문자열	static char c[5] = " korea"; static char c[] = "korea"; static char *C = "korea";

5장 : 연산자와 산술식

```
                    ┌ 단항 연산자(-, ++, −, &, *)
         ┌ 산술 연산자 ┼ 이항 연산자(+, -, /, *, %)
         |           └ 대입 연산자(=, +=, -=, *=, /=, %=, 〈〈=, 〉〉=, &=, ^=, |=)
         |
         ├ 관계 연산자(〉, 〈, 〈=, 〉=, ==, !=)
         |
         ├ 논리 연산자(&&, ||, !)
         |              ┌ 이동 연산자(〈〈, 〉〉)
연산자 ┼ 비트 처리 연산자 ┼ 비트 논리 연산자(&, |, ^, ~)
         |              └ 비트 대입 연산자(&=, |=, ^=, 〈〈=, 〉〉=)
         |
         ├ 조건 연산자(? :)
         ├ 나열연산자(,)
         ├ 주소연산자(&)
         ├ 포인터 연산자 (*)
         ├ sizeof 연산자(sizeof)
         └ cast 연산자(cast)
```

5-1. 산술 연산자(arithmetic operator)

· 가감승제의 연산을 하는 연산자

```
              ┌단항 연산자(unary operator)
· 산술 연산자 ┼이항 연산자(binary operator)
              └대입 연산자(assignment operator)
```

1. 단항 연산자(unary operator)

· 산술 연산에 1개의 연산원(operand)이 필요한 연산자

· 단항 연산자 ┌증가 연산자(increment operator)
　　　　　　　└감소 연산자(decrement operator)

· 단항 연산자의 종류

연산자	의　미	사용법	의　미
++	증가(increment)	a++; 또는 ++a;	a = a + 1
--	감소(decrement)	a--; 또는 --a;	a = a - 1
-	부호의 반전	b = -a;	

· 단항 연산자의 연산 의미

연산식	실행 절차
b = ++a;	a에 1을 더한 후에 그 값을 b에 대입한다.
b = --a;	a에 1을 뺀 후에 그 값을 b에 대입한다.
b = a++;	a를 b에 대입한 후에 a에 1을 더한다.
b = a--;	a를 b에 대입한 후에 a에 1을 뺀다.

· 프로그램 보기 27:

```
/******************************************************************/
/*                                                                */
/*    파일이름  :  TEST027                                        */
/*    내 용    : 연산자의 계산의 실행순서                          */
/*                                                                */
/******************************************************************/

#include <conio.h>
#include <stdio.h>

void line_01()
{
  int i;     /* 정수형 선언 */

  printf("\n");
  for(i=1; i<=80; i++)
  {
     printf("=");
  }
  printf("\n");
}

main()
{
  int a, b, c;              /* 정수형 변수 선언           */

  line_01();
  printf(" 단항 연산자의 실행 순서를 알아보기 위한 프로그램 \n");
  line_01();
```

```
b = c = 10;
printf("  B  =    %d  이 고 ,  C  =    %d 일 때",b,c);
line_01();
a = b + c;
printf(" A  =  B  +  C  ====>  %d",a);  /* a의 계산값 20 을 출력 */
line_01();
a = ++b + ++c;
printf(" A  =  ++B  +  ++C  ====>  %d",a);  /* a의 계산값 22 을 출력 */
line_01();
a = ++b + c++;
printf(" A  =  ++B  +  C++  ====>  %d",a);  /* a의 계산값 23 을 출력 */
line_01();
a = ++b + ++c;
printf(" A  =  ++B  +  ++C  ====>  %d",a);  /* a의 계산값 26 을 출력 */
line_01();
a = ++c + c;
printf(" A  = ++ C + C ====>  %d",a);  /* a의 계산값 28 을 출력 */
line_01();
a = b-- + --c;
printf(" A = B-- + --C ====>  %d",a);  /* a의 계산값 26 을 출력 */
line_01();
a = --b + --c;
printf(" A = --B + --C ====>  %d",a);  /* a의 계산값 23 을 출력 */
line_01();
a = --b - --c;
printf(" A = --B - --C ====>  %d",a);  /* a의 계산값 -1 을 출력 */
line_01();
a = --b - c--;
printf(" A = --B - C-- ====>  %d",a);  /* a의 계산값 -2 을 출력 */
```

```
    line_01();
    a = b-- - c--;
    printf(" A = B-- - C-- ====〉 %d",a); /* a의 계산값 -1 을 출력 */
    line_01();
    printf("****** 아무키나 누르세요. ******");
    getch();
  }
```

· 프로그램 보기 28:

```
/****************************************************************/
/*                                                              */
/*    파일이름  :  TEST028                                      */
/*    내   용 : 산술 연산식의 연산 우선 순위                    */
/*                                                              */
/****************************************************************/

#include <conio.h>
#include <stdio.h>

void line_01()
{
  int i;      /* 정수형 선언 */

  printf("\n");
  for(i=1; i<=80; i++)
  {
     printf("=");
  }
  printf("\n");
}
```

```
main()
{
    int a, b, c, d, e, f, g, h, i, j, k, l, m, n;    /* 정수형 변수 선언 */

    line_01();
    printf(" 산술 연산식의 연산 우선 순위를 알아보기 위한 프로그램  ");

    a = b = c = d = e = f = g = h = i = j = k = l = m = n = 5;
    /* 다중 대입 */
    line_01();
    printf(" A = B = C = D = E = F = G = H = I = J = K = L = M = N = 5");
    line_01();
    printf(" - - - A              ??    %d",-(-(-a)));
    line_01();
    printf(" -   - - A            ??   %d",-(--a));
    line_01();
    printf(" - - A                ??     %d",-(-a));
    line_01();
    printf(" B -   - - C          ??    %d",b-(--c));
    line_01();
    printf(" D - -   - E          ??     %d",(d--)-e);
    line_01();
    printf(" D - - E              ??    %d",d-(-e));
    line_01();
    printf(" - F - -  - G         ??    %d",(-(f--))-g);
    g = f ++;
    line_01();
    printf(" F + + = G            ??   %d",g);
    h = ((h++)/(++i))*--j;
    line_01();
    printf(" H++/++I*--J          ??     %d",h);
    line_01();
    printf(" ++K/M++*--N          ??   %d",(++k)/(m++)*(--n));
    line_01();
    printf("****** 아무키나 누르세요. ******");
```

```
    getch();
}
```

2. 이항 연산자

· 산술 연산을 위하여 2개의 연산원(operand)가 필요한 연산자

· 이항 연산자의 종류

연산자	의 미	보 기
+	덧 셈	a = b + c
–	뺄 셈	a = b – c
*	곱 셈	a = b * c
/	나 눗 셈	a = b / c
%	나머지 계산	a = b % c

· 이항 연산자에 있어서 우선 순위

  1 순위 :   –   (단항 연산자)

  2 순위 :   *, /, % (좌→)우 결합)

  3 순위 :   +, –   (좌→)우 결합)

· 연산자의 우선순위와 결합성

연산 우선 순위	연산자	결합성
고	–(단항), ++, ––	우에서 좌로
	*, /, %	좌에서 우로
	+, –	좌에서 우로
저	=	우에서 좌로

· 프로그램 보기 29 :

```
/*****************************************************************/
/*                                                               */
/*  파일이름  :  TEST029                                          */
/*  내    용  :  이항 연산자                                      */
/*                                                               */
/*****************************************************************/

#include <stdio.h>          /* standard input-output header */
#include <conio.h>

void line_01()
{
  int i;      /*  정수형 선언  */

  printf("\n");
  for(i=1; i<=80; i++)
  {
      printf("=");
  }
  printf("\n");
}

int main()
{
  int a,b,c;                        /* 변수 선언        */

  line_01();                    /* 부함수 호출    */
  printf("*** 정수값을 입력하세요 ? A =      \n");
  scanf("%d", &a);
  printf("*** 정수값을 입력하세요 ? B =      \n");
  scanf("%d", &b);
  c = a + b;
  printf("A + B = %d  \n",c); /* A와 C를 더한 값을 A에 대입 */
```

```
    c = a - b;
    printf("A - B = %d \n",c); /* A와 B를 뺀 값을 C에 대입   */
    c = a * b;
    printf("A X B = %d \n",c); /* A와 B를 곱한 값을 C에 대입 */
    c = a / b;
    printf("A / B = %d \n",c); /* A를 B로 나눈 값을 C에 대입 */
    c = a % b;
    printf("A %% B = %d \n\n",c); /* A를 B로 나눈 나머지 값을 C에 대입
*/
    printf("*** 아무키나 누르시오 ***");
    getch();         /* 키입력을 기다린다 */
}
```

· 프로그램 보기 30 :

```
/*******************************************************************/
/*                                                                 */
/*    파일이름  :  TEST030                                         */
/*    내    용  :  단항 연산자의 사용                              */
/*                                                                 */
/*******************************************************************/

#include <stdio.h>          /* standard input-output header */
#include <conio.h>

void line_01()
{
    int i;      /*  정수형 선언  */

    printf("\n");
    for(i=1; i<=80; i++)
    {
        printf("=");
    }
```

```
    printf("\n");
}

main()
{
    int a,b;                /* 정수형 변수 선언   */

    line_01();
    printf("단항 연산자의 여러가지 연산의 설명과 결과를 알아봄     \n");
    line_01();
    printf(" + +       증  가      A++; 또는  ++A;    A = A + 1; \n");
    printf(" - -       감  소      A--; 또는  --A;    A = A - 1; \n");
    printf("    -       부호의 반전   B = - A;                      \n");
    for ( a = 0; a <= 200; ++a)
    {
        printf(" + + 부호 사용의 예  ( 증   가 )   ++A   =    %d \n", a );
        ++a;
    }
    line_01();
    for ( a = 100; a >= 1; a--)
    {
        printf(" - - 부호 사용의 예  ( 감    소 )  --A   =    %d \n", a );
        a--;
    }
    line_01();
    a = 200;
    printf(" - 부호 사용의 예   (부호 반전)    B    =   %d \n", a = -a);
    a = 10;
    b = ++a;
    printf(" A = 10 일때, B = ++A  계 산 결 과 ===>   A = %d, B = %d \n", a, b);
    b = --a;
    printf(" A = 10 일때, B = --A  계 산 결 과 ===>   A = %d, B = %d \n", a, b);
    b = a++;
    printf(" A = 10 일때, B = A++  계 산 결 과 ===>   A = %d, B = %d \n", a, b);
    b = a--;
```

```
printf(" A = 10 일때, B = A--  계 산 결 과 ===>   A = %d, B = %d \n", a, b);
getch();
}
```

3.대입 연산자(assignment operator)

· 대입 연산자(＝)는 우측의 값을 좌측에 대입(Assign)한다는 것을 의미
· 대입 연산자의 연산 우선 순위는 산술 연산자 보다 낮으며,
  그 결합 순위는 우에서 좌로 갖게 됨.

· 대입 연산자의 종류

연산자	의 미	사 용 법	산술 연산의 표기
=	오른쪽 값을 왼쪽에 대입	a = b	
+=	왼쪽 변수와 오른쪽 변수를 더하고 왼쪽에 대입	a += b	a = a + b;
-=	왼쪽 변수에서 오른쪽 변수를 빼고 왼쪽에 대입	a -= b	a = a - b;
*=	왼쪽 변수와 오른쪽 변수를 곱하고 왼쪽에 대입	a *= b	a = a * b;
/=	왼쪽 변수와 오른쪽 변수를 나누고 왼쪽에 대입	a /= b	a = a / b;
%=	왼쪽 변수에서 오른쪽 변수를 나누고 나머지를 왼쪽에 대입	a %= b	a = a % b;
<<=	왼쪽 변수를 오른쪽 수만큼 좌측으로 이동한 것을 왼쪽에 대입	a <<= b	a = a << b;
>>=	왼쪽 변수를 오른쪽 수만큼 오른쪽으로 이동한 것을 왼쪽에 대입	a >>= b	a = a >> b;
&=	왼쪽 변수와 오른쪽 변수를 비트별로 AND하여 왼쪽에 대입	a &= b	a = a & b;
^=	왼쪽 변수와 오른쪽 변수를 비트별로 배타적 OR하여 왼쪽에 대입	a ^= b	a = a ^ b;
|=	왼쪽 변수와 오른쪽 변수를 비트별로 OR하여 왼쪽에 대입	a |= b	a = a | b;

· 프로그램 보기 31 :

```c
/****************************************************************/
/*                                                              */
/*    파일이름  :  TEST031                                       */
/*    내  용  :  대입 연산자의 사용                              */
/*                                                              */
/****************************************************************/

#include <stdio.h>          /* standard input-output header */
#include <conio.h>

void line_01()
{
    int i;      /* 정수형 선언 */

    printf("\n");
    for(i=1; i<=80; i++)
    {
        printf("=");
    }
    printf("\n");
}

main()
{
    int x, y;                    /*  정수형 변수 선언           */

    line_01();
    printf("        Y 값에 따른  X 값                          \n");
    printf(" Y 의    값 을  대 입 하 시 요 ?  ======>          \n");
    scanf("%d", &y);
    x = y;                       /*  오른쪽의 값을 왼쪽에 대입   */
    printf("   X = Y;     X=Y;        %d \n", x);
```

```
    x += y;          /* 왼쪽 변수와 오른쪽 변수를 더한후, 왼쪽에 대입      */
    printf("X += Y;    X =X+Y;   %d \n", x);
    x -= y;          /*  왼쪽 변수에서 오른쪽 변수를 뺀 후,  왼쪽에 대입     */
    printf(" X -= Y;     X=X-Y;        %d \n", x);
    x *= y;          /*  왼쪽의 변수와 오른쪽 변수를 곱한 후,  왼쪽에 대입 */
    printf("X *= Y;       X= X*Y;      %d \n", x);
    x /= y;          /* 왼쪽의 변수에서 오른쪽의 변수를 나눈 후, 왼쪽에 대입 */
    printf(" X /= Y;     X=X/Y;        %d \n", x);
    x %= y; /* 왼쪽 변수에서 오른쪽 변수를 나눈 후, 나머지를 왼쪽에 대입 */
    printf("X %= Y;      X= X%Y;       %d \n", x);
    x <<= y; /* 왼쪽 변수를 오른쪽 수만큼  왼쪽으로 이동하여 왼쪽에 대입 */
    printf(" X =<<Y;     X=X<<Y;       %d \n", x);
    x >>= y; /* 왼쪽 변수를 오른쪽 수만큼 오른쪽으로 이동하여 왼쪽에 대입 */
    printf("X =>>Y;      X= X>>Y;      %d \n", x);
    x &= y; /* 왼쪽 변수와 오른쪽 변수를 비트별로 AND하여 왼쪽에 대입   */
    printf(" X &= Y;     X=X&Y;         %d \n", x);
    x ^= y;   /* 왼쪽 변수와 오른쪽 변수를 비트별로 배타적 OR하여 왼쪽에 대입 */
    printf("X^ = Y;      X= X^Y;        %d \n", x);
    x |= y; /* 왼쪽 변수와 오른쪽 변수를 비트별로 OR한 것을 왼쪽에 대입    */
    printf(" X| = Y;     X=X|Y;          %d\n", x);
    line_01();
      printf("*** 아무키나 누르시오 ***");
    getch();           /* 키입력을 기다린다 */
}
```

· 프로그램 보기 32 :

```
/**************************************************************/
/*                                                          */
/*   파일이름  :  TEST032                                     */
/*                                                          */
/**************************************************************/

#include <stdio.h>
```

```c
#include <conio.h>

main()
{
    int i , j , k , m , n;        /* 정수형 변수 선언                  */

    i = j = k = 3;
    printf("  ####  대입 연산자의 연산 우선 순위  ####  \n");
    printf("  ( 단, 모든 변수의 초기값은 3 으로 정한다. ) \n");
    printf("  수      식        연산 우선 순위                연산 결과 \n");
    printf("    I+=++J+3        I=(I+((J)+3))            %d   \n",     i += ++j+3);
    printf("  2+3*(I+=8)/4    I=2+((3*(I+=8))/4)    %d   \n",    2+3*(i+=8)/4);
    printf("  K%%%%=I=2+K/2      I=(K%%%%=(I=(2+(J/2)))) %d   \n\n",    k%=i=2+k/2);
    printf("*** 아무키나 누르시오 ***");
    getch();
}
```

5-2. 관계 연산자(relational operator)

· 두 수간의 대소 관계를 나타내는 연산자를 관계식이
  참(true) 이면 1, 거짓(false)이면 0이 된다.
· 관계 연산자의 연산 우선 순위는 산술 연산자의 우선 순위보다 낮으며,
  좌에서 우로 결합.

·관계 연산자의 종류

연산자	의 미	보 기
>	보다 크다	a = (b > c); c보다 b가 크면 a = 1, 그렇지 않으면 a = 0
<	보다 작다	a = (b < c); c보다 b가 적으면 a = 1, 그렇지 않으면 a = 0
>=	보다 크거나 같다	a = (b>=c); c보다 b가 크거나 같으면 a = 1, 그렇지 않으면 a = 0
<=	보다 작거나 같다	a = (b <= c); c보다 b가 작거나 같으면 a= 1, 그렇지 않으면 a = 0
==	같다	a = (b == c); c와 b가 같으면 a = 1, 그렇지 않으면 a = 0
!=	같지 않다	a = (b != c); c와 b가 같지 않으면 a = 1, 그렇지 않으면 a = 0

· 프로그램 보기 33 :

```
/****************************************************************/
/*                                                              */
/*    파일이름  :  TEST033                                       */
/*                                                              */
/****************************************************************/

#include<stdio.h>
#include<conio.h>

void line_01()
{
  int i;     /* 정수형 선언 */

  printf("\n");
  for(i=1; i<=80; i++)
  {
      printf("=");
```

```
        }
      printf("\n");
  }

main()
{
    int a = 0, b = 1, c = 2, d = 3, e = -1, i ,j;
    float x = 1.65, y = 0.0;

    line_01();                      /* 부함수 호출    */
    printf("*** 변수 선언 및 값의 배정 ***\n");
    printf(" 단, A = 0, B = 1, C = 2, D = 3, E = -1, X = 1.65, Y = 0.0 일때 \n");
    printf(" A > B    (수식) ");
    printf("( 연산 결과 ) %d \n", a > b);
    printf(" A < = Y ");
    printf(" %d \n",a <= y);
    printf(" ( C < D ) || A ");
    printf(" %d \n",( c < d ) || a);
    printf(" C < ( D || A ) ");
    printf(" %d \n",c < ( d || a ));
    printf(" 2 < ! D + D ");
    printf(" %d \n",2 < !d + d);
    printf(" 2 < ! ( D + D ) ");
    printf(" %d \n",2 < !( d + d ));
    printf(" ( ! ( ! E ) ) ) ");
    printf(" %d \n",( !( !e )));
    printf(" ! ( ! ( ! Y ) ) ) ");
    printf(" %d \n",! ( !( !y )));
    printf(" A + C < = ! D + D ");
    printf(" %d \n", a + c <= !d + d);
    printf(" X < = 1 + 2 / 3 ");
    printf(" %d \n",x <= 1 + 2 / 3);
    line_01();                        /* 부함수 호출    */
    printf("*** 아무키나 누르시오 ***");
    getch();          /* 키입력을 기다린다 */
```

}

5-3. 논리 연산자(logical operator)

· 불린 함수인 AND, OR, NOT의 논리 연산을 나타내는 연산자로
  연산식의 결과가 참(true)이면 1, 거짓(false)이면 0이 된다.

· 논리 연산자의 종류

연산자	의 미	보 기
&&	AND	a = b && c; b와 c가 모두 참이면 a는 참(1), 그 이외에는 거짓 (0)
||	OR	a = b || c; b와 c가 모두 거짓이면 a는 거짓(0), 그이외에는 참(1)
!	NOT	a =!b; b가 참이라면 a는 거짓(0), b가 거짓이면 a는 참(1)

· 프로그램 보기 34 :

```
/*****************************************************************/
/*                                                               */
/*    파일이름  :  TEST034                                        */
/*                                                               */
/*****************************************************************/

#include〈stdio.h〉
#include〈conio.h〉

main()
{
    char h;         /*  문자형 변수 선언    */
```

```c
    int a, b, c, d;    /*   정수형 변수 선언   */
    float x, y;        /*   실수형 변수 선언   */


    h = 'x';   a = 2;     b = -3;
    c = 7;       d = -19;
    x = 5.77;  y = -7.33;
    printf(" *** 연산의 우선 순위 결정과 결과 ***\n");
    printf(" 단, H = 'x'; A = 2; B = -3; C = 7; D = -19; X = 5.77; Y = -7.33  일때 \n");
    printf(" 수    식          연산 우선 순위        연산결과  \n");
    printf("A&&B&&C        ( A && B ) && C        %d \n", a&&b&&c);
    printf("A&&B||C        ( A && B ) || C         %d \n", a&&b||c);
    printf("A||B&&C        A || ( B && C )         %d \n", a||b&&c);
    printf("A||B&&C||D+19 (A||(B&&C))||(D+19)     %d \n", a||b&&c||d+19);
    printf("A&&B||C&&D+19 (A&&B)||(C&&(D+19)) %d \n", a&&b||c&&d+19);
    printf("A&&B&&C&&D+19 ((A&&B)&&C)&&(D+19) %d\n", a&&b&&c&&d+19);
    printf("!A+!B&&X+Y        ((!A)+(!B))&&(X+Y)      %d \n", !a+!b&&x+y);
    printf("!A+!B||X+Y        ((!A)+(!B))||(X+Y)        %d \n", !a+!b||x+y);
    printf("H&&B+C-4&&0.0*X H&&((B+C)-4))&&(0.0*X) %d\n", h&&b+c-4&&0.0*x);
    printf("H||B+C-4&&0.0*X    H||(((B+C)-4)&&(0.0*X))    %d \n", h||b+c-4&&0.0*x);
    printf("X=A&&B||C        X = A && B || C        %d \n", x=a&&b||c );
    printf("X=!A&&B||!C        X = ! A && B || ! C    %d \n", x=!a&&b||!c);
    printf("*** 아무키나 누르시오 ***");
    getch();        /* 키입력을 기다린다 */
}
```

5-4. 비트 처리 연산자(bitwise operator)

· 컴퓨터 자료의 최소 단위인 비트(bit)를 취급하는 연산자

· 비트 처리 연산자 ┬ 이동 연산자 (Shift operator)
　　　　　　　　　├ 비트 논리 연산자(bitwise logical operator)
　　　　　　　　　└ 비트 대입 연산자(bit assignment)

1. 이동 연산자

· 비트를 좌측 또는 우측으로 이동시키는 연산자
· 정수형 자료에서만 사용 가능
· 이동 연산자는 왼쪽에서 오른쪽으로 결합하게 되며,
　연산 우선 순위는 산술 연산자보다는 낮고 논리 연산자 보다는 높다.

· 이동 연산자 종류

연산자	의 미	보 기
<<	비트를 좌로 이동	a = b << 3; b를 3비트 좌로 이동하여 a에 대입
>>	비트를 우로 이동	a = b >> 3; b를 3비트 우로 이동하여 a에 대입

· 좌측이동
  - 1 비트당 2로 곱하여짐
  - 2진수를 좌측으로 n비트 이동하며 맨 우측 끝에 0을 넣음

보기:
　(1) 부호가 있는 경우(음수인 경우)
　10진수　　　2진수　　　　10진수

x=-1 ⟹ 1000 0000 0000 0001 ⟹ x=-1

x《1 ⟹ 1000 0000 0000 0010 ⟹ x=-2

x《2 ⟹ 1000 0000 0000 0100 ⟹ x=-4

x《3 ⟹ 1000 0000 0000 1000 ⟹ x=-8

   (2) 부호가 없는 경우(양수인 경우)

10진수   2진수   10진수

x = 1⟹ 0000 0000 0000 0001 ⟹ x=1

x 《 1⟹ 0000 0000 0000 0010 ⟹ x=2

x 《 2⟹ 0000 0000 0000 0100 ⟹ x=4

x 《 3⟹ 0000 0000 0000 1000 ⟹ x=8

· 우측이동

  - 결과값은 1비트당 2로 나누어짐

  - 2진수를 우측으로 n비트 이동하며 맨 좌측에 부호비트를 넣음

    (음수인 경우는 1, 양수인 경우는 0)

2. 비트 논리 연산자(bitwise logical operator)

· 비트별로 논리연산을 하는 연산자

· 비트 논리 연산자 종류

연산자	의 미	보 기
&	비트곱(AND)	a = b & c; b와c를 비트 AND하여 a에 대입
|	비트합(OR)	a = b | c; b와c를 비트 OR하여 a에 대입
^	비트 배타적 논리합(XOR)	a = b ^ c; b와c를 비트 XOR하여 a에 대입
~	비트의 반전(1의 보수)	a = b ~ c; b와c를 비트를 반전하여 a에 대입

3. 비트 대입 연산자(bit assignment operator)

· 비트별의 논리연산에 대한 값을 대입하는 연산자

· 비트 대입 연산자 종류

연산자	의 미	보 기
&=	비트 곱	a &= b; a값과 b값의 비트 AND한 결과를 a에 대입
|=	비트 합	a |= b; a값과 b값의 비트 OR한 결과를 a에 대입
^=	비트 배타적 논리합	a ^= b; a값과 b값의 비트 XOR한 결과를 a에 대입
<<=	좌 시프트	a <<= b; a의 값을 b값만큼 좌로 이동하여 a에 대입
>>=	우 시프트	a >>= b; a의 값을 b값만큼 우로 이동하여 a에 대입

5-5. 조건 연산자(conditional operator)

· 조건식의 결과에 따라 연산을 하는 연산자
· 조건 연산자의 형식

조건식 ? 연산식1 : 연산식2

- 조건식의 결과가 참(1)이면   연산식 1 실행
- 조건식의 결과가 거짓(0)이면 연산식 2 실행

· 보 기

a = (b ? (c = 10) : (c = 20));
   - b가 참(1)일 때   (c = 10) 실행   → a = 10

- b가 거짓(0)일 때   (c = 20) 실행   → a = 20

5-6. 나열 연산자(comma operator)

- 콤머로써 구성되어 콤머 연산자라고도 함
- 좌측에서 우측으로 우선 순위를 가지고 결합
- 나열 연산자 형식
  연산식1, 연산식2, 연산식3, ...

- 나열 연산자

연산자	의미	보 기

,	왼쪽에서 오른쪽으로 실행	a = (a=3, b += a, c = b*5);
		왼쪽에서 오른쪽으로 계산
		a = 3; b = b + a; c = b* 5;
		for (i=10, j=0; i>j; i--, j++)
		for문에 두 개의 제어 변수

5-7. 주소 연산자, 포인터 연산자, sizeof 연산자

- 주소 연산자   →   &
- 포인터 연산자 →   *
- sizeof 연산자
  - 컴파일시에 변수에 할당하는 메모리의 크기를 바이트 단위로 되돌려 준다.
  - sizeof 연산자의 형식
    sizeof (변수나 수식 혹은 자료형)

- sizeof연산자

연산자	의 미	보 기
sizeof(식[자료형])	변수에 할당하는 메모리의 크기를 바이트 단위로 되돌려 준다.	sizeof(256*3) => 2 바이트 계산 결과는 int형이므로 2 바이트 sizeof(char) => 1 바이트 sizeof(short) => 2 바이트 sizeof(int) => 2 바이트 sizeof(long) => 4 바이트 sizeof(float) => 4 바이트 sizeof(double) => 8 바이트

5-8. cast 연산자

· cast 연산자
  - 자료형을 강제적으로 변환
  - cast 연산자 형식
     (자료형) 자료 혹은 식
  - 보기
     int a;
     b=(char)a;

5-9. 연산자의 우선 순위

· 연산자의 우선 순위표

우선 순위	연산자위 종류		연산자	결합 우선 순위
고	식, 구조체, 공용체		( ) [ ] . →	좌 → 우
	단항 연산자		! ~ ++ -- - * & sizeof	우 → 좌
	이항연산자	승제	* / %	좌 → 우
		가감	+ -	
		이동	<< >>	
		비교	< <= > >=	
		등가	== !=	
		비트 AND	&	
		비트 XOR	^	
		비트 OR			
		논리 AND	&&	
		논리 OR	||	
저	조건 연산자		? :	우 → 좌
	대입 연산자		= += -= *= /= %= >>= <<= &= ^= |=	우 → 좌
	나열 연산자		,	좌 → 우

6장 : 제어문

· 제어문

프로그램 실행의 흐름을 제어하는 명령문

· 제어문의 종류

제　어　문		
조건문	반복문	무조건 분기문
if 문 switch문	while문 for문 do-while문	goto 문

· 조건문

- 조건에 따라 프로그램 실행의 흐름이 분기되어 명령문 실행

- if 문, switch(case) 문

· 반복문

- 조건에 따라 명령문 반복 실행

- for 문, while 문, do-while 문

· 무조건 분기문

- 지정된 문장으로 무조건 분기

- goto 문

6-1. 조건문

1. if 문

(1) 단일 선택문
- 형 식

  if (조건식)

  명령문;
- 조건식의 결과가 참(true)이면 명령문을 실행한다.
- 여러개의 문장을 처리하려는 경우에는 복합문({})을 사용한다.

  if (조건식)

  {

  명령문;

  .

  }

- 프로그램 보기 35 :

```
/**************************************************************/
/*                                                            */
/*    파일이름  :  TEST035                                    */
/*                                                            */
/**************************************************************/

#include <stdio.h>          /* standard input-output header */
#include <conio.h>

main()
{
   char ch;            /*   문자형 변수 선언   */
```

```
    int a;                /*    정수형 변수 선언     */

    printf("한 문자를 입력하시오\n ");
    scanf("%c", &ch);
    if (ch == 'y')                  /* 입력한 문자가 y 이면           */
        printf("ch =  %c \n ", ch);    /* 단일문이므로 {} 필요 없음    */
    printf("한 정수를 입력하시오\n ");
    scanf("%d", &a);
    if (a > 0)                  /* 입력한 정수가 양수이면      */
        {
          a = a + 10;
          printf("a =    %d \n ", a);   /* 복합문이므로 {} 필요           */
        }
    printf("*** 아무키나 누르시오 ***");
    getch();          /* 키입력을 기다린다 */
}
```

(2) 양자 선택문
- 형 식
  if (조건식)
    명령문1;
    else 명령문2;
- 조건식의 결과가 참(true)이면 명령문1을 실행한다.
  조건식의 결과가 거짓(false)이면 명령문2을 실행한다.
- 여러개의 문장을 처리하려는 경우에는 복합문({})을 사용한다.
  if (조건식)
    {
      명령문;

        .

    }
    else
    {

명령문;

.

}

- 프로그램 보기 36 :

```
/****************************************************************/
/*                                                              */
/*    파일이름  :  TEST036.C                                     */
/*                                                              */
/****************************************************************/

#include〈stdio.h〉
#include〈conio.h〉

main()
{
    char ch;            /*   문자형 변수 선언     */
    int a;              /*   정수형 변수 선언     */

    printf("한 문자를 입력하시오\n ");
    scanf("%c", &ch);
    if (ch == 'y')                      /* 입력한 문자가 y 인가를 비교    */
       printf("ch =  %c  \n ", ch);     /* 입력한 문자가 y 이면           */
       else printf("입력한 문자가 y가 아님 \n ");
                    /* 입력한 문자가 y가 아니면           */

    printf("한 정수를 입력하시오\n ");
    scanf("%d", &a);
```

```
  if (a > 0)
   {                         /* 입력한 정수가 양수이면      */
     a = a + 10;
     printf("a = %d \n ", a);   /* 복합문이므로 {} 필요          */
   }
   else                      /* 입력한 정수가 음수이면      */
   {
     a = a - 10;
     printf("a = %d \n ", a);   /* 복합문이므로 {} 필요          */
   }
 printf("*** 아무키나 누르시오 ***");
 getch();        /* 키입력을 기다린다 */
}
```

(3) 다중 선택문

· 형 식

```
  if (조건식1)
     명령문1;
     else if (조건식2)
            명령문2;
            else if (조건식3)
                명령문3;

                .

                .
```

· 조건식1의 결과가 참(true)이면 명령문1을 실행한다.
조건식1의 결과가 거짓(false)이고 조건식2의 결과가 참(true)이면
명령문2을 실행한다.
조건식1의 결과가 거짓(false)이고 조건식2의 결과가 거짓(false)이고
조건식1의 결과가 참(true)이면 명령문3을 실행한다.

· 여러개의 문장을 처리하려는 경우에는 복합문({})을 사용한다.

```
if (조건식1)
  {
   명령문1;

       .

  }
   else if (조건식2)
       {
          명령문2;

              .

       }
        else if (조건식3)
            {
              명령문3;

                 .

            }

              .

              .
```

- 프로그램 보기 37 :

```
/**********************************************************/
/*                                                        */
/*    파일이름  :  TEST037                                 */
/*                                                        */
/**********************************************************/

#include<stdio.h>
#include<conio.h>
```

```
main()
{
    int score;                /*   정수형 변수 선언    */

    printf("점수를 입력하시오\n ");
    scanf("%d", &score);
    if (score >= 90)
      printf(" 학점 = A   %d \n ", score);
        else if (score >= 80)
            printf(" 학점 = B  %d\n ", score);
            else if (score >= 70)
                  printf(" 학점 = C  %d \n ", score);
                  else if (score >= 60)
                        printf(" 학점 = D  %d \n ", score);
                        else if (score <  50)
                              printf(" 학점 = F  %d \n ", score);
    printf("*** 아무키나 누르시오 ***");
    getch();         /* 키입력을 기다린다 */
}
```

(4) 중첩된 if문

· 형 식 1
   if (조건식1)
     {
       if (조건식2)
          명령문1;
          else 명령문2;
     }
     else if (조건식3)
          명령문3;

else 명령문4;

· 조건식1의 결과가 참(true)이고 조건식2의 결과가 참(true)이면
  명령문1을 실행한다.
  조건식1의 결과가 참(true)이고 조건식2의 결과가 거짓(false)이면
  명령문2을 실행한다.
  조건식1의 결과가 거짓(false)이고 조건식3의 결과가 참(true)이면
  명령문3을 실행한다.
  조건식1의 결과가 거짓(false)이고 조건식3의 결과가 거짓(false)이면
  명령문4을 실행한다.

· 여러개의 문장을 처리하려는 경우에는 복합문({})을 사용한다.

2. switch문

· 다중 선택문
· 형식
  switch (변수)
  {
    case 식1 : 명령문; break;
    case 식2 : 명령문; break;
    case 식3 : 명령문; break;
        :
    case 식n : 명령문; break;
      default : 명령문; break;
  }
· case 중에서 한개만 선택하여 실행 처리하고 switch문을 나간다.
  default문은 case문에 해당하는 식이 존재하지 않는 경우 실행

- 프로그램 보기 38 :

```
/**************************************************************/
/*                                                            */
/*    파일이름  :  TEST038                                    */
/*                                                            */
/**************************************************************/

#include<stdio.h>
#include<conio.h>

main()
{
    int a, b, c;              /*   정수형 변수 선언   */
    char ch;
    char ch2, ans;

    printf("점수를 입력하시오\n ");
    scanf("%d", &a);
    fflush(stdin);    // 입력 버퍼를 비운다
    printf("점수를 입력하시오\n ");
    scanf("%d", &b);
    fflush(stdin);    // 입력 버퍼를 비운다
    printf(" 더하기(+),  빼기(-), 곱하기(*), 나누기(/) \n ");
    printf(" 한 문자를 입력하시오 \n ");
    scanf("%c", &ch);
    fflush(stdin);    // 입력 버퍼를 비운다
    switch (ch)
    {
      case '+' :  c = a + b;
                  printf("%d + %d = %d  \n", a, b, c); break;
      case '-' :  c = a - b;
                  printf("%d - %d = %d \n", a, b, c); break;
      case '*' :  c = a * b;
                  printf("%d * %d = %d \n", a, b, c); break;
```

```
    case '/' :   c = a /b;
                 printf("%d / %d   = %d \n", a, b, c); break;
        default  :  printf("문자를 잘못 입력. . \n");        break ;
      }
      printf(" 계속하겠습니까? (yes/no) \n ");
      scanf("%c", &ans);
      fflush(stdin);     // 입력 버퍼를 비운다
      switch (ans)
      {
        case 'y' :  printf("입력 = %c    \n", ans ); break;
        case 'n' :  printf("입력 = %c    \n", ans); break;
        default  :  printf("문자를 잘못 입력. . \n");        break ;
      }
   printf("*** 아무키나 누르시오 ***\n");
   getch();          /* 키입력을 기다린다 */
}
```

– 프로그램 보기 39 :

```
/***************************************************************/
/*                                                             */
/*    파일이름  :   TEST039                                    */
/*                                                             */
/***************************************************************/

#include<stdio.h>   /* STanDard Input. Output header */
#include<conio.h>   /*  CONsole Input. Output header */

int main()
{
    int ch;
    int p;

    char ch1, ch2;
```

```c
    char str[10];

    printf("Hello World\n");

    printf("정수 입력 \n");
    scanf("%d", &p);
    printf("   p === %d  \n ", p);

    fflush(stdin);     // 입력 버퍼를 비운다

    printf("문자 입력 \n");
    scanf("%c", &ch1);
    printf("   p === %c  \n ", ch1);
    fflush(stdin);     // 입력 버퍼를 비운다

    printf("문자 입력 \n");
    scanf("%s", str);
    printf("   p === %s  \n ", str);
    fflush(stdin);     // 입력 버퍼를 비운다

    printf("문자열 입력 \n");
    gets(str);
    printf("   p === %s  \n ", str);
    printf("\n \n ");
    puts(str);

    ch = getch();
    return 0;
}
```

- 프로그램 보기 40 :

```
/**************************************************************/
/*                                                            */
/*    파일이름  :  TEST040                                     */
/*                                                            */
/**************************************************************/

#include<stdio.h>   /* STanDard Input. Output header */
#include<conio.h>   /*  CONsole Input. Output header */
#include<stdlib.h>

int main()
{
    int ch;
    int p;
    char ch1, ch2;
    char str[10];
    float a2;

    printf("Hello World\n");
    printf("실수 입력 \n");
    scanf("%f", &a2);
    printf("   p === %f  \n ", a2  );

    if (a2 == 0)
    {
        printf("   error \n " );
        exit(1);
    }

    printf("정수 입력 \n");
    scanf("%d", &p);
    printf("   p === %d  \n ", p);
```

```c
    fflush(stdin);     // 입력 버퍼를 비운다
    printf("문자 a 입력 \n");
    scanf("%c", &ch1);
    printf(" p === %c  \n ", ch1);
    if (ch1 == 'a')
       {
                printf(" a 입니다.  \n ");
       }
       else
       {
                printf(" a가 아닙니다. \n ");
       }
    fflush(stdin);     // 입력 버퍼를 비운다
    printf("문자 입력 \n");
    scanf("%s", str);
    printf(" p === %s  \n ", str);
    fflush(stdin);     // 입력 버퍼를 비운다

    printf("문자열 입력 \n");
    gets(str);
    printf(" p === %s  \n ", str);
    printf("\n \n ");
    puts(str);

    ch = getch();
    return 0;
}
```

6-2. 반복문

- · 선조건 반복문
  for문, while문

- · 후조건 반복문
  반복 실행 부분이 최소한 한번은 실행이 된다.
  do - while 문

1. for문

- · 형 식
  for 반복문의 형식

  for(초기값; 조건식; 증가)
  {
    명령문;
    명령문;
      :
  }

- · 초기값
  보기)
  i = 1;   /* i 는 제어 변수 */

- · 조건식
  보기)
  i 〈 10;

/* 조건식이 참(true)이면 반복문 실행, 거짓(false)이면 반복문 탈출 */

· 증가
  보기)
   ++i;   /* 제어 변수에 대한 값을 증가 또는 감소. */

· 무한 루프
  for(; ;)
  {
  }

· 무한 루프 for문 탈출
  반복문 탈출하고자 할 때 break문을 사용
  보기)
   for (; ;)
   {
     break;
   }

- 프로그램 보기 41 :

```
/****************************************************************/
/*                                                              */
/*    파일이름  :  TEST041                                      */
/*    내용      :  break문 사용하여 무한 루프 탈출             */
/*                                                              */
/****************************************************************/

#include<stdio.h>
#include<conio.h>
```

```
main()
{
  char ch;

  for( ; ; )   /* 무한 루프    */
  {            /* for문 시작 */
    printf(" 한 문자를 입력하시오 (종료 = y)  \n ");
    scanf("%c", &ch);
    if (ch =='y' )
        break;     /* 무한 루프 탈출 */
  } /* for문 끝  */
}
```

- 프로그램 보기 42 :

```
/**************************************************************/
/*                                                          */
/*    파일이름  :  TEST042                                   */
/*    내용      :  1 부터 10 까지의 합                       */
/*                                                          */
/**************************************************************/

#include<stdio.h>
#include<conio.h>

main()
{
  int i;       /*  제어 변수  */
  int sum = 0;

  for (i = 1; i < 11; ++i)   /* 1 부터 10까지의 합    */
  sum = sum + i;
  printf(" 1 부터 10까지의 합  %d \n ",  sum);
  getch();         /* 키입력을 기다린다 */
```

}

2. while문

· while 문의 형식

while(조건식)
　{
　　명령문;
　　명령문;

　　　　.

　}

· 조건식이 참(true, 1)이면, while문 중괄호({})내에 있는 명령문 반복 실행.
　조건식이 참(false, 0)″이면, 반복 실행문을 벗어남.

· while(조건식)에서 끝부분에 세미콜론이 없음

· 무한루프
　1) while (1)
　　　{　　　/* 무한 반복 루프 */
　　　};
　2) while() ;　/* while (1)과 동일, 무한 루프 */
　3) quit = 0;
　　　while(quit != 1)
　　　{
　　　};

· 무한 반복 while문의 탈출

　1) break문 사용

　　반복문 탈출하고자 할 때 break문을 사용

　2) 불린 함수 이용

　　반복문 사용 전에 반복문 탈출 제어 변수를 거짓(0)을 지정

　　반복문 탈출하고자 할 때 반복문 탈출 제어 변수를 참(1)을 줌

- 프로그램 보기 43 :

```
/******************************************************************/
/*                                                                */
/*    파일이름  :  TEST043                                         */
/*    내용      :  break문 사용하여 무한 루프 탈출                  */
/*                                                                */
/******************************************************************/

#include<stdio.h>
#include<conio.h>

main()
{
  char ch;

  while(1)   /* 무한 루프     */
  {          /* while문 시작  */
    printf(" 한 문자를 입력하시오 (종료 = y)  \n ");
    scanf("%c", &ch);
    if (ch =='y' )
       break;    /* 무한 루프 탈출 */
  } /* while문 끝  */
}
```

- 프로그램 보기 44 :

```
/****************************************************************/
/*                                                              */
/*    파일이름  :  TEST044                                      */
/*    내용      :  반복문 탈출 제어 변수를 사용하여 무한 루프 탈출   */
/*                                                              */
/****************************************************************/

#include<stdio.h>
#include<conio.h>

main()
{
   char ch;
   int quit;    /* 반복문 탈출 제어 변수 */

   quit = 0;
      /* 반복문 탈출 제어 변수를 무한 루프 바로 앞에 반드시 실행 */

   while(quit != 1)
     /* 반복문 앞에서 quit = 0을 지정하였으므로 무한 루프 */
     /* quit가 참(1)일 때까지 반복                        */
   {              /* while문 시작 */
      printf(" 한 문자를 입력하시오 (종료 = y)  \n ");
      scanf("%c", &ch);
      if (ch =='y' )
         quit =1;     /* 무한 루프 탈출 */
   }  /* while문 끝 */
}
```

3. do~while문

· 형 식
  do ~ while 반복문의 형식

  do
  {
    명령문;
    명령문;
        :
  } while (조건식);

· {}내의 실행문은 최소한 1회는 실행한다.

· do 뒤에는 세미콜론 없음

· while(조건식); 에서 끝부분에 세미콜론이 있음

· 무한루프
  1) do
     {   /* 무한 반복 루프 */
     } while(1);

  2) do
     {
     }while(); /* while (1)과 동일, 무한 루프 */

3) quit = 0;
   do
   {
   }while(quit != 1)

· 무한 반복 while문의 탈출
  1) break문 사용
     반복문 탈출하고자 할 때 break문을 사용

  2) 불린 함수 이용
     반복문 사용 전에 반복문 탈출 제어 변수를 거짓(0)을 지정
     반복문 탈출하고자 할 때 반복문 탈출 제어 변수를 참(1)을 줌

- 프로그램 보기 45 :

```
/****************************************************************/
/*                                                              */
/*    파일이름  :  TEST045                                       */
/*    내용     :  break문 사용하여 무한 루프 탈출                 */
/*                                                              */
/****************************************************************/

#include<stdio.h>
#include<conio.h>

main()
{
  char ch;

  do   /* 무한 루프    */
  {           /* do-while문 시작  */
```

```
        printf(" 한 문자를 입력하시오 (종료 = y)  \n ");
        scanf("%c", &ch);
        if (ch =='y' )
            break;      /* 무한 루프 탈출 */
    } while(1); /* do-while문 끝  */
}
```

- 프로그램 보기 46 :

```
/****************************************************************/
/*                                                              */
/*    파일이름  :  TEST046                                       */
/*    내용      :  반복문 탈출 제어 변수를 사용하여 무한 루프 탈출    */
/*                                                              */
/****************************************************************/

#include<stdio.h>
#include<conio.h>

main()
{
    char ch;
    int quit;   /* 반복문 탈출 제어 변수  */

    quit = 0;
     /* 반복문 탈출 제어 변수를 무한 루프 바로 앞에 반드시 실행 */
    do          /* 반복문 앞에서 quit = 0을 지정하였으므로 무한 루프 */
                /* quit가 참(1)일 때까지 반복                      */
    {                   /* while문 시작  */
        printf(" 한 문자를 입력하시오 (종료 = y)  \n ");
        scanf("%c", &ch);
        if (ch =='y' )
            quit =1;    /* 무한 루프 탈출  */
    } while(quit != 1); /* while문 끝  */
```

```
        }
```

    4. goto문

· 무조건 분기문
· 형 식
   goto문의 형식

            명령문;
   label :   명령문;
                :
                :
       goto 레이블 ;

· goto문은 해당 레이블(lable)문이 붙어 있는 실행문으로 무조건 제어를
   이동시킨다.
· goto문은 동일 함수 내에서만 유효.
   그러므로 goto문과 그에 대응되는 레이블은 반드시 같은 함수 내에 위치해야 한다.

6-3. 기타 제어문

· break문
· continue문
· return문

1. break문

 · while, do~while, switch문, for문 등의 반복문의 내부에서

외부로 빠져나가기 위해서 사용된다.

· 다중 반복되어 있는 경우에는 바로 한 단계 위의 루프로 제어가 이동된다.

· 보기)
```
for (i = 0; i < j; ++i)
{
    :
  for (j = 10; j < 10; ++j)
  {
      :
      break; ─────────────────┐
      :                       │  내측 for 반복문 탈출
  }                           │
  명령문;  ◄─────────────────┘
}
```

2. continue문

· 해당 반복문의 실행 단위에서 탈출하지 않고 해당 루프의 최후로 제어를 이동
· continue문의 이하에 있는 명령문을 처리하지 않고 해당 반복 실행문의
  최후로 제어를 이동시킨다.

· 보기)

```
for (i = 0; i < j; ++i)
{
        :
    continue;        ──────────┐    /* 제어 이동            */
    명령문;                  |   /* 명령문은 실행되지 않고 */
    명령문;                  |   /* for문으로 제어 이동    */
} ◀────────────────────────────┘    /* break문은 for문 탈출   */
```

3. return문

· 호출한 함수로 제어 이동.

7장 : 함수(Function)

7-1. 함수

• 함수

　· 입력을 처리하여 그 결과를 출력
　· 함수(function)의 집합으로 프로그램 구성
　· 함수들이 프로그램의 단위(unit), 또는 각각의 실행 단위가 된다.
　· 용어
　　－ 인수(argument)
　　　함수에서 입력되는 내용
　　－ 반환값(return value)
　　　함수에서 출력되는 결과값
　　－ 표준 함수(standard function)
　　　시스템이 제공하는 함수
　　－ 모듈(Module)
　　　* C 언어에서의 함수를 모듈(Module)이라고도 함
　　　* C 언어에서는 구조적 프로그래밍(Structured Programming)기법을
　　　　이용한 독립적인 모듈(module)단위로 프로그램을 작성한다.
　　　* 프로그래밍은 물론 오류 수정시에도 모듈 단위로 처리를 하기 때문에
　　　　효율적
　　　* 모듈의 특징
　　　　· 하나의 모듈은 반드시 어떤 목적을 달성할 수 있는 형태로
　　　　　만들어져야 한다
　　　　· 다른 모듈들과는 명확히 구분되어 서로의 독립성이 보장되어야 한다.

・ 모듈은 반드시 하나의 입구와 출구를 가져 그 범위를 나타내 주어야
한다.

・ 함수 호출
   y = function (x)

7-2. 함수 선언 형식

• 함수 선언 형식

〔기억 클래스〕〔자료형〕   /* 〔 〕로 묶인 부분은 생략 가능 */
   함수명 (〔형식 매개 변수의 나열〕)
   〔매개 변수의 선언;〕
   {   /* 함수 본체 시작 */
      지역 변수 선언;

      명령문;
        :
   }   /* 함수 본체 끝 */

- 프로그램 보기 47 :

```
/***************************************************************/
/*                                                             */
/*    파일이름  :  TEST047                                      */
/*    내 용     :  함수 사용                                     */
/*                                                             */
/***************************************************************/
```

```
#include<stdio.h>
#include<conio.h>

long fun01(int x, int y)
{
    x = x + 20;
    y = y * 10;
    return(y-x);
}



int main()
{
    long fun01(int x, int y);    /* 함수 사용 선언 */
    int a, b, c;

    a = 10;
    b = 10;
    c = fun01(a,b);
    printf(" %d ", c);
    getch();            /* 키입력을 기다린다 */
}
```

(1) 함수의 기억 클래스 지정 방법

· 함수에서 지정할 수 있는 2 개의 기억 클래스(storage class)
    - static
    - extern

기억 클래스	기 능
static	선언된 컴파일 단위에서만 사용 가능 (내부 함수)
extern	선언된 컴파일 단위 외에서도 사용 가능(외부 함수)

· 자동 변수(automatic variable)
  - 함수에 진입할 때 그 기억 영역이 확보되고 함수로부터
    벗어나면 소멸

· 정적 변수 (static variable, static 기억 클래스)
  - 자료 영역이 종료될 때까지 계속하여 존재
  - 정적 변수의 참조 영역은 한개의 컴파일 단위 내에서만 가능하고
    여러 개의 원시프로그램 파일에서 공유하려면 외부 변수로 정의해
    두고, 컴파일 단위가 다른 함수에서 외부 참조(external reference)
    로 접근하여야 한다.

· 함수의 기억 클래스의 생략하는 경우
  - 기억 클래스 auto가 된다
    그러므로 함수 내에서 사용되는 모든 변수들의 기억 장소들은
    자동 변수(automatic variable)가 된다.

(2) 함수의 자료형(data type) 지정 방법

· 변수에 대한 지정 방법과 동일하며 모든 자료형은 물론
  사용자가 정의한 자료형 모두 가능.

· 자료형을 생략한 경우는 int형으로 간주

· void 형 함수
  - 함수는 어떠한 값도 반환하지 않음을 선언
  - 함수간의 인수 전달시 호출 함수로 제어가 넘어갈 때 단순히
    복귀만 한다.
    그러므로 어떤 결과값을 넘기지 않으므로 호출 함수에서는
    그 결과에 전혀 영향을 받지 않는다.

· 함수로부터의 반환

  - 함수의 내부로부터 함수를 호출한 곳으로 함수값을 반환
  - 반환되는 함수값은, 함수의 자료에 따라 지정된 형으로 변환.
  - return문을 사용

함수에서 계산된 결과값을 돌려주는 문장을 제어

- return문의 형식

    1) return ;
    2) return (식) ;

- return문의 종류
    1) 인수가 없고 반환값도 없는 경우
    2) 인수가 있고 반환값도 없는 경우
    3) 인수가 없고 반환값도 있는 경우
    4) 인수가 있고 반환값도 있는 경우

- 프로그램 보기 48 :

```
/*******************************************************/
/*                                                     */
/*   파일이름  :  TEST048                               */
/*   내용      :  함수 사용 (인수가 없고 반환값도 없는 경우)  */
/*                                                     */
/*******************************************************/

#include<stdio.h>
#include<conio.h>


void star( )         /* 반환값이 없으므로 void 형이라고 선언   */
                     /*    void 형은 int 형과 마찬가지로 생략 가능 */
{
  printf("***************\n");
}

main( )
{
```

```
    int a, b, c;
    void star( );

    a=10,
    b=20;
    c=a+b;
    star( );
    printf("두 수의 합 = %d\n", c);
    star( );
    getch();          /* 키입력을 기다린다 */
}
```

- 프로그램 보기 49 :

```
/****************************************************************/
/*                                                              */
/*    파일이름  :  TEST049                                      */
/*    내용      :  함수 사용 (인수가 있고 반환값도 없는 경우)   */
/*                                                              */
/****************************************************************/

#include<stdio.h>
#include<conio.h>


void star(int x)       /* 매개인수는 있고 결과 값이 없는 경우 */
{
    int i;

    for(i=1; i<=x; i++);
    putchar('*');
    putchar('\n');
}
```

```
main( )
{
  void  star( int  x);

   star(13);
   printf("seoul   Korea   \n");
   star(15);
   getch();            /* 키입력을 기다린다 */
}
```

- 프로그램 보기 50 :

```
/****************************************************************/
/*                                                              */
/*    파일이름  :  TEST050                                       */
/*    내용      :  함수 사용 (인수가 없고 반환값도 있는 경우)      */
/*                                                              */
/****************************************************************/


#include<stdio.h>
#include<conio.h>

int true_01()        /*  인수가 없이 결과 값을 반환하는 경우는 매우 드물다.
*/
                 /*  C 언어에서 제공하는 표준 라일브러리 함수에서도   */
                 /*   난수발생 rand( ) 정도이다.                     */
{
  int  x;

  printf(" 한 정수를 입력하시오   \n ");
  scanf("%d", &x);
  fflush(stdin);     // 입력 버퍼를 비운다
```

```c
  if (x > 0)
    return(1);
    else
      return(0);
}

main( )
{
  int a;
  int true_01();

  a = true_01();
  if (a == 1)
    printf("%d is true      \n", a);
    else printf("%d is false  \n", a);
    getch();          /* 키입력을 기다린다 */
}
```

- 프로그램 보기 51 :

```
/****************************************************************/
/*                                                              */
/*    파일이름  :  TEST051                                      */
/*    내용      :  함수 사용 (인수가 있고 반환값도 있는 경우)    */
/*                                                              */
/****************************************************************/

#include<stdio.h>
#include<conio.h>


int abs_01(int x)
{
  return (( x>0 ) ? x : -x);
```

```
    }

main()
{
    int  a;
    int  abs_01(int  x);
    printf("정수를 입력하시오. : \n");
    scanf("%d", &a);
    fflush(stdin);        // 입력 버퍼를 비운다
    printf("%d의 절대값 : %d\n", a, abs_01(a));
    getch();              /* 키입력을 기다린다 */
}
```

    (3) 함수이름

        · 사용자가 함수가 하는 기능에 따라 정의

    (4) 매개 변수 전달(paramater passing) 방법

        · 매개변수(parameter)
          - 함수와 호출하는 함수간의 정보 교환을 위해 전해주는 변수들

        · 매개변수의 자료형
          - 모든 자료형 및 사용자정의 자료형 가능

        · 매개 변수 전달 방법 종류
          - 값 호출(call by value) 방식
          - 주소 호출 (call by reference) 방식

        · 매개변수 종류
          - 실매개 변수(actual paramater)
          - 형식 매개 변수(formal paramater)

가) call by value

- 주 프로그램에서 인수값이 부 프로그램으로 전달될 때 실제 값이
  이동한다.
- 형식 매개 변수는 이에 대응하는 기억장소를 별도로 유지.
- 실매개 변수와 형식 매개 변수가 각각 기억 장소를 별도로 유지하기
  때문에 형식 매개 변수의 값이 변경되어도 실매개 변수의 값은 전혀
  영향을 받는다.
- 피호출 함수의 형식 매개 변수의 값이 변경되더라도 호출 함수의
  실매개 변수의 값은 원래의 값을 그대로 유지함

- 프로그램 보기 52 :

```
/*******************************************************************/
/*                                                                 */
/*    파일이름  :  TEST052                                          */
/*    내용      :  함수 사용 (값 호출(call by value) 방식)          */
/*                                                                 */
/*******************************************************************/

#include<stdio.h>
#include<conio.h>

 int fun01 (int x, int y)        /* 형식 매개 변수 */
 {
    int   sum ;

    sum = x + y;
    return(sum);
 }
```

```
main()
{
    int   a, b, c;

    a  =  10;
    b  =  20;
    c  =  fun01(a, b);       /*    실매개 변수        */
    printf(" %d    \n", c);
    getch();            /* 키입력을 기다린다 */
}
```

- 프로그램에서 실매개 변수(actual paramater) a, b가 갖고 있는 값은
  fun01 함수의 형식 매개 변수(formal paramater) x, y 에 복사

- fun01 함수에서 x, y의 값이 바뀌었다 하더라도 실매개 변수 a, b의
  값은 원래의 값을 그대로 유지

- 피호출 함수의 형식 매개 변수의 값이 변경되더라도 호출 함수의
  실매개 변수에 영향을 주지 않음

(나) call by reference
- 호출 함수과 피호출 함수의 대응되는 매개 변수에 각각
  포인터 연산자 &와 *를 사용
- '&' 연산자는 변수 앞에 붙어 그 변수의 번지값을 나타낸다.
- '*'는 변수 선언시 그 변수가 포인터 변수임을 나타낸다.
- 피호출 함수에서 형식 매개 변수가 사용 또는 변경되면,
  그에 해당하는 호출 환경의 실매개 변수가 참조되어
  사용되므로 실매개 변수의 값도 변함.

- 프로그램 보기 53:

```
/*****************************************************************/
/*                                                               */
/*    파일이름  :  TEST053                                        */
/*    내용      :  함수 사용 ( 주소 호출 (call by reference) 방식)  */
/*                                                               */
/*****************************************************************/

#include<stdio.h>
#include<conio.h>

int fun02(int *x, int *y, int *z)
     /* 주소 호출을 위한  형식 배개 변수의  선언 형태  */
{
    *x = 2 ;            /* a = 2    */
    *y = 3 ;            /* b = 3    */
    *z = *x + *y;       /*  c = 5   */
    return(*z);
}


main()
{
    int a, b, c;

    a = 1;
    b = 2;
    c = 3;
    c = fun02 (&a, &b, &c);  /*  주소 호출을 위한 실매개 변수 형태   */
    printf("%d  %d  %d \n" , a, b, c);
    getch();          /* 키입력을 기다린다 */
}
```

7-3. 재귀 함수(recursion function)

- 재귀 함수(recursion function)

    - 함수 내에서 자신의 함수를 다시 호출
    - 함수가 되부름을 하면, 그 안에서 사용하고 있는 변수들이 스택 영역에 적재되어 return문이 실행될 때마다 스택 내의 변수들이 제거된다.

    - 장점
        - 프로그램의 알고리즘을 보다 간결하고 알기 쉽게 작성
    - 단점
        - 재귀 호출을 사용하게 되면 프로그램의 제작과 이해가 어려워지는 단점이 있다.
        - 재귀를 여러 번 수행하면 변수를 적재시킬 많은 스택 영역이 필요하게 되므로 기억 장소 사용 면에서는 비효율적
        - 재귀를 잘못 사용하는 경우 무한 반복 루프(infinite loop) 상태에 빠질 수 있다.
        - 무한루프시 스택 영역이 넘치는 overflow 현상이 나타날 수 있다.

- 프로그램 보기 54:

```
/**************************************************************/
/*                                                          */
/*    파일이름  :  TEST054                                   */
/*    내용      :  재귀 함수(recursion function)             */
/*                                                          */
/**************************************************************/

#include <stdio.h>
#include<conio.h>
```

```
long  factorial(int);

main( )
{
  int  num;

  for  (num = 1;  num <= 10;  num++)
  printf("%2d!   =   %8ld  \n", num, factorial(num));
  getch();            /* 키입력을 기다린다 */
}

long  factorial(int  n)
{
  if  (n<= 1)
     return  1;
     else
      return  (n * factorial(n - 1));
}
```

- 프로그램 보기 55:

```
/***************************************************************/
/*                                                             */
/*    파일이름  :  TEST055                                     */
/*    내용     :  재귀 함수(recursion function)                */
 /*              하나의 문장을 입력받아 거꾸로 출력하는 프로그램  */
/*                                                             */
/***************************************************************/

#include <stdio.h>
#include<conio.h>
```

```
void print_back();

main()
{
  printf("하나의 문장을 입력하세요 :   \n");
  print_back();
  getch();          /* 키입력을 기다린다 */
}

void print_back()
{
  int ch;

  if ((ch = getchar()) != '\n')
      print_back();
  putchar(ch);
}
```

7-4. 입출력 함수

• 입출력 함수 종류

    · 표준 입출력 함수(Standard Input Output Function)

    · 고수준 입출력 함수(High-Level I/O Functon)

    · 저수준 입출력 함수(Low-Level I/O Functon)

(1) 표준 입출력 함수(Standard Input Output Function)

    · 표준 입출력 장치

장　　치	일반적인 장치	파일 구조체 포인터
표준 입력	키보드	stdin
표준 출력	모니터	stdout
표준 에러 출력	모니터	stderr
표준 프린터	프린터	stdprn

· 시스템에 내장되어 있는 내장 함수

· 헤더 파일에 보관

· 기본 표준 입출력 함수의 종류

함수명	사용 형식	기　　　능	헤더 파일
scanf()	scanf(제어문자열, 인수);	키보드를 통해 자료를 기억 장소에 입력	stdio.h
printf()	printf(제어문자열, 인수);	화면 출력	stdio.h
getchar()	getchar();	키보드를 통해 한 문자를 입력	stdio.h
putchar()	putchar(문자);	한 문자를 화면에 출력	stdio.h
gets()	gets(문자열);	키보드를 통해 문자열을 입력	stdio.h
puts()	put(문자열);	해당 버퍼로부터 문자열을 화면에 출력	stdio.h
abs	abs(수치);	수치의 절대값을 구한다.	math.h
acos	asos(수치);	수치의 아크코사인값을 구한다.	math.h
asin	asin(수치);	수치의 아크 사인값을 구한다.	math.h
atan	atan(수치);	수치의 아크 탄제트값을 구한다.	maht.h
atan2	atan2(수치1, 수치2);	수치의 제2 아크 탄젠트 값을 구한다.	math.h
atof	atof(문자열);	애스키 문자열을 실수로 변환한다.	math.h
atoi	atoi(문자열);	애스키 문자열을 정수로 변환한다.	math.h
atol	atol(문자열);	애스키 문자열을 long형의 정수로 변환	math.h
brk	break(수치);	브레이크번지(프로그램이 할당할 수 있는 최하위번지)를 설정	

함수명	사용 형식	기　능	헤더 파일
calloc	calloc(수치, 크기);	지정 크기의 배열 영역을 할당	
ceil	ceil(수치);	수치보다 큰, 수치에 가장 가까운 정수를 구한다.	math.h
chsize		파일의 크기를 변경	
cos	cos(수치);	수치의 코사인값을 구한다.	math.h
cosh	cosh(수치);	수치의 cosh값을 구한다.	maht.h
dup		파일 핸들을 이중화	
dup2		파일 핸들을 강제적으로 이중화	
eof		파일의 끝인가를 검사	
exit	exit(수치);	프로그램 실행을 종료(파일닫고, 버퍼플래시)	
exp	exp(수치);	수치의 지수함수값을 구한다.	
fabs	fabs(수치);	수치(실수)의 절대값을 구한다.	
fclose	fclose(파일포인터);	파일을 닫는다.	stdio.h
feof	feof(파일 포인터);	파일의 끝인가를 판정	stdio.h
ferror	ferror(파일포인터);	파일버퍼에 에러가 있는가를 판정	stdio.h
fflush	fflush(파일포인터);	파일버퍼상의 정보를 파일에 수록	stdio.h
fgetc	fgetc(파일 포인터);	파일에서 1문자를 읽어들인다.	stdio.h
fgets	fgets(버퍼, 크기, 파일포인터);	파일에서 문자열을 읽어들인다.	stdio.h
filelength		파일의 길이를 검사	
floor	floor(수치);	수치보다 작은, 수치에 가장 가까운 정수를 구한다.	math.h
fmod (double형 수치)		float형 수치 나눗셈의 나머지 값	
fopen	fopen(파일명, 모우드);	파일을 연다.	stdio.h
fprintf	fprintf(파일포인터, 제어문자열, 인수);	데이터를 파일에 출력한다.	stdio.h
fputc	fputc(문자, 파일포이터);	파일에 1문자를 출력한다.	stdio.h

함수명	사용 형식	기 능	헤더 파일
fputs	fputs(문자열, 파일 포인터);	파일에 문자열을 출력한다.	stdio.h
free	free(포인터);	할당된 메모리를 해방	
fscanf	fscanf(파일포인터, 제어문자열, 인수);	파일에서 데이터를 읽어들인다.	stdio.h
fseek	fseek(파일포인터, 상대위치, 모우드);	파일의 문자포이터 위치를 변경	stdio.h
ftell	ftell(파일 포인터);	파일내의 현재의 문자위치를 구한다.	stdio.h
fwrite	fwrite(포인터, 크기, 개수, 파일포인터);	파일에 문자블록을 출력	stdio.h
getc	getc(파일포인터);	파일에서 1문자를 입력받는다.	stdio.h
getfc		파일의 특성을 검사	
getchar	getchar( );	표준입력장치에서 문자를 입력받는다.	stdio.h
iabs (integer형 수치)		int형 수치의 절대값	
index	index(문자열, 문자);	문자열 중에서 지정[문자]의 최초위치를 구한다.	string.h
isalnum	isalnum(문자);	지정[문자]가 문자 또는 숫자인가를 판 정	string.h
isalpha	isaipha(문자);	지정[문자]가 영문자인가를 판정	string.h
isacill	isascii(문자);	[문자]가 애스키문자인가를 판정	string.h

함수명	사용 형식	기 능	헤더 파일
iscntrl	iscntrl(문자);	[문자]가 컨트롤문자인가를 판정	string.h
isdigit	isdigit(문자);	[문자]가 숫자인가를 판정	string.h
isgraph		그랙픽 문자인가를 검사(ox21 - ox7e 이면 true)	
islower	islower(문자);	[문자]가 영어소문자인가를 판정	string.h
isprint	isprint(문자);	[문자]가 인쇄가능한 문자인가를 판정	string.h
ispunct	ispunct(문자);	[문자]가 구두점문자(! @ # ...)인가를 판정	string.h
isspace	isspace(문자);	[문자]가 공란으로 표시되는 문자인가를 판정	string.h
isupper	isupper(문자);	[문자]가 대문자인가를 판정	string.h
isxdigit		16진 문자인가를 검사	
labs (long형 수치)		long형 수치의 절대값	
log	log(수치);	수치의 로그함수값을 구한다.	math.h
log10 (double형 수치)		상용 대수값(밑은 10)	
malloc	malloc(수치);	메모리를 할당	
memcopy		메모리 자료를 복사	
memchr		메모리 자료의 검색	
memcmp		메모리 자료의 비교	
memcpy		메모리 자료를 복사	
memset		메모리 자료를 출력	
movedata		메모리에 자료의 이동	
movmem		메로리 자료의 이동	
pow	pow(수치1, 수치2);	수치1의 수치2승의 값을 구한다.	math.h
power	power(수치1,수치2);	수치 1의 수치2 승을 계산	
printf	printf(제어문자열, 인수);	표준출력장치에 데이터를 출력	stdio.h
putc	putc(문자, 파일포인터);	파일에 1문자를 출력	stdio.h
putchar	putchar(문자);	표준출력장치에 1문자 출력	stdio.h
qsort	qsort(포인터, 수치1, 수치2, 함수);	배열요소를 소트한다.	

함수명	사용 형식	기　　능	헤더 파일
rand	rand( );	난수를 발생시킨다.	
realloc	realloc(포인터,크기)	메모리 영역의 재할당	
repmem		메모리 자료를 복사	
scanf	scanf(제어문자열, 인수);	표준입력장치에서　데이터를 입력받는다.	stdio.h
setmem		메모리 블록에 자료를 설정	
setmode		파일의 변환 모드 설정	
sin	sin(수치);	수치의 사인값을 구한다.	math.h
sinh	sinh(수치1, 수치2);	수치의 sinh 함수값을 구한다.	math.h
sopen		공유할 파일 열기	
sprintf	sprintf(buffer, fomat, 출력 자료의 나열)	문자열을 지정된 서식(fomat)에 따라 변환 출력시킨다.	
sqr	sqr(수치);	수치의 제곱을 계산한다.	math.h
sqrt	sqrt(수치);	수치의 제곱근을 계산한다.	math.h
srand	srand(수치);	난수발생 계열을 초기화	
sscanf	sscanf(포인터, 제어 문자열, 인수);	메모리중의 문자열에서 데이터를 추출	stdio.h
strcat	strcat(문자열1, 문자열2);	두 문자열을 결합	string.h
strchr		지정된 문자열의 최초 발견 위치 검사	
strcmp	strcmp(문자열1, 문자열2);	두 문자열을 비교	string.h
strcpy	strcpy(문자열1, 문자열2);	문자열을 복사	string.h
strins		문자열의 삽입	
strlen	strlen(문자열);	문자열의 크기를 판정	string.h
strncmp	strncmp(문자열1, 문자열2, 수치);	두 문자열을 지정문자수만큼 비교	string.h
strncpy	strncpy(문자열1, 문자열2, 수치);	문자열에서 지정문자수만큼 복사	string.h
stmset		지정된 길이로 문자열을 설정	
strrchr		지정된 문자의 최후 발견 위치 검사	
strset		문자열을 읽어들임	
stoi		문자열을 정수값으로 변환	

함수명	사용 형식	기 능	헤더 파일
swmem		메모리 블록을 치환	
tan	tan(수치);	수치의 탄젠트값을 구한다.	math.h
tanb	tanb(double형 수치)	수치의 하이퍼블릭 텐젠트값	
tanh	tanh(수치);	수치의 tanh 함수값을 구한다.	math.h
tell		파일의 문자 포인터 위치를 검사	
toascii		최상위 비트를 제거하여, 비ASCII 정수값을 ASCII코드로 변환	
tolower	tolower(문자);	대문자를 소문자로 변환	string.h
toupper	toupper(문자);	소문자를 대문자로 변환	string.h
ungetc	ungetc(문자, 파일포인터);	입력파일버퍼에 문자를 되돌린다.	stdio.h

(2) 고수준 입출력 함수(High-Level Input Output Functon)

· 고수준 입출력 함수와 저수준 입출력 함수의 비교

함수 종류	입출력 서식 (format) 지정	버퍼 사용	OS (Operating System)
고수준 입출력 함수	가능	가능	OS에 의존하지 않음
저수준 입출력 함수	불가능	불가능	OS에 의존

- 고수준 입출력 함수의 종류
    - · 파일 열기(open) 및 종결(close) 함수
    - · 바이트(Byte) 입출력 함수(Byte I/O Function)
    - · 문자열 입출력 함수
    - · 파일 조작 함수
    - · 랜덤 액세스 함수

1. 파일의 열기(open) 및 종결(close) 함수

① 파일 열기(open) 함수

· 함수명

　fopen();

· 형식

　fopen(파일명(file name), 파일모드(file mode))

· 기능

　파일 열기

• 파일 열기 할 때의 파일 모드 종류

파일 모드	기　능	파일이 존재하지 않는 경우	파일이 존재하는 경우
"a"	파일 끝에 덧붙이기 (append)	새로 생성	파일 끝에 추가
"r"	파일 읽기 (read)	오류	
"w"	파일 쓰기 (write)	새로 생성	기존의 파일 내용 무시
"a+"	파일 끝에 읽기 및 쓰기 (append and write)	새로 생성	파일 끝에 추가
"r+"	파일 읽기 및 쓰기 (read and write)	오류	
"w+"	파일 읽기 및 쓰기 (write and read)	새로 생성	기존의 파일 내용 무시

• 추가 가능한 변환 모드 문자

변환모드 문자	기　능
t	텍스트 모드(Text Mode)에서만 열기
b	이진 모드(Binary Mode)에서만 열기

② 파일의 종결(close) 함수

- · 함수명
  fclose();

- · 형식
  fclose(파일 포인터(file pointer))

- · 기능
  파일 종료
  파일이 정상적으로 종료되면 반환(return)값 0
  파일이 정상적으로 종료되지 않았으면 반환(return)값 -1

- 프로그램 보기 56:

```
/****************************************************************/
/*                                                              */
/*    파일이름  :   TEST056                                     */
/*    내용      :   fopen, fclose 함수                          */
/*                                                              */
/****************************************************************/

#include <stdio.h>

int main(void)
{
    FILE *fp;
    static char *str = "Seoul Korea";
    static char *file = "sample";
    int i;
    char c;
    char a[10];
```

```
        fp  =  fopen(file,  "w");
        for  (i  =  0;  i  <  15;    ++i)
        fputs(str,fp);        /* str를  15번 파일에 출력 */
        fclose(fp);
        return 0;
}
```

- 프로그램 보기 57:

```
/************************************************************/
/*                                                          */
/*    파일이름  :  TEST057                                  */
/*    내용      :  fopen, fclose 함수                       */
/*                 log.txt의 백업파일을 생성하는 프로그램   */
/*                                                          */
/************************************************************/

#include <stdio.h>
#include<conio.h>

int main(void)
{
    FILE *in, *out;

    if ((in = fopen("C:\\log.txt", "rt")) == NULL)
    {
        fprintf(stderr, "입력 파일을 열수 없음\n");
//      printf("입력 파일을 열수 없음\n");
        printf("아무키나 입력하세요 \n");
        getch();            /* 키입력을 기다린다 */
        return 1;
    }
```

```
    if ((out = fopen("C:\\log02.txt", "wt")) == NULL)
    {
        fprintf(stderr, "출력 파일을 열수 없음. \n");
//      printf("출력 파일을 열수 없음. \n");
        printf("아무키나 입력하세요 \n");
        getch();            /* 키입력을 기다린다 */
        return 1;
    }
    while (!feof(in))  fputc(fgetc(in), out);
    fclose(in);            fclose(out);
    return 0;
}
```

2. 바이트(Byte) 입출력 함수

· 1 Byte 단위로 입출력하는 함수

· 바이트 입출력 함수

함수명	사용 형식	기 능	헤더 파일
getc()	getc(파일포인터)	파일포인터가 지정하는 위치의 1 문자를 읽고, 파일 포인터의 값을 한 개 증가시킨다. (MACRO 정의)	stdio.h
putc()	putc(문자,파일포인터)	파일포인터가 지정하는 위치에 문자를 출력하고, 파일포인터의 값을 한 개 증가시킨다. (MACRO정의)	stdio.h
getchar()	getchar()	표준 입출력 파일에서 1개 문자를 읽어들인다. (MACRO정의)	stdio.h
putchar()	putchar(문자)	표준 입출력 파일에 문자의 내용을 출력시킨다. (MACRO정의)	stdio.h
fgetc()	fgetc(파일포인터)	getc와 같은 기능으로, MACRO정의가 아니라 함수이다.	stdio.h
fputc()	fputc(파일포인터)	putc와 같은 기능으로, MACRO정의가 아니라 함수이다.	stdio.h
ungetc()	ungetc(문자, 파일포인터)	입력된 문자를 파일 포인터가 지정하는 위치로 되돌려 준다.	stdio.h

- 프로그램 보기 58:

```
/******************************************************************/
/*                                                                */
/*    파일이름 :  TEST058                                          */
/*    내용     :  getchar, putchar 함수                            */
/*                                                                */
/******************************************************************/

#include <stdio.h>          /*  선행처리기     */
#include<conio.h>
```

```
main()
{
  char ch;

  printf("\n\t\t 한 문자를 입력 : ");
  ch = getchar();
  putchar(ch);
  printf("\n아무키나 입력하세요 \n");
  getch();          /* 키입력을 기다린다 */
}
```

- 프로그램 보기 59:

```
/*****************************************************************/
/*                                                               */
/*    파일이름  :   TEST059                                      */
/*    내용      :   getchar, putchar 함수                        */
/*                                                               */
/*****************************************************************/


#include <stdio.h>              /*  선행처리기 */
#include<conio.h>

main()
{
  char ch;

  printf("\n\t\t문자들을 입력하시오 .....\n\n");
  ch = getchar();
  while (ch != '\n')   /*   <ENTER>키를 입력 받을 때까지   */
                  /*      while((ch=getchar()) != '\n')     */
  {   /* 버퍼는 한 개의 문자씩을 program에 보내는 것보다, 여러   */
      /* 문자 보내는 것이 시간 절약,키보드의 수정이 가능하다.    */
```

```
        putchar(ch);
        ch = getchar();
    }
    printf("\n아무키나 입력하세요 \n");
    getch();          /* 키입력을 기다린다 */
}
```

- 프로그램 보기 60:

```
/****************************************************************/
/*                                                              */
/*    파일이름  :  TEST060                                       */
/*    내용      :  getc, putc 함수                               */
/*                                                              */
/****************************************************************/


#include <stdio.h>              /*  선행처리기 */
#include<conio.h>

main()
{
    FILE *fp;        /*  파일 포인터  */
    char ch;

  if ((fp=fopen("sample.txt","r")) != NULL)
    /* 파일 sample을 열고 파일 포인터에  */
    /* NULL이 반환되면 오류              */
    {
        while ((ch=fgetc(fp)) != EOF)     /* 파일 포인터가 가리키는 위치부터
파일 끝까지 */
        putc(ch,stdout);
//        printf("%c",ch);
        fclose(fp);
```

```
      }
    else printf(" 파일 열기 오류 \n ");
  getch();
}



- 프로그램 보기 61:

/*****************************************************************/
/*                                                               */
/*    파일이름  :  TEST061                                       */
/*    내용      :  파일 복사                                     */
/*                                                               */
/*****************************************************************/

 #include <stdio.h>              /*  선행처리기 */
 #include<conio.h>

main()
{
  FILE *in, *out;     /*  파일 포인터 선언 */
  char ch;

  in = fopen("sample.txt","rt");     /* 텍스트 파일 읽기 모드     */
  out = fopen("sample.old","wt");    /* 텍스트 파일 쓰기 모드     */

  printf("\n\ 테스트 파일 복사 프로그램  \n");
  while((ch = getc(in)) != EOF) /* 파일 끝까지 한 문자씩 읽음 */
  {
     printf("%c\007", ch);
     putc(ch,out);                 /* 포인터 out에 한 문자씩 저장  */
  }
  fclose(in);
  fclose(out);
  getch();
```

```
  return 0;
}
```

3. 문자열 입출력 함수

　　• gets(), puts(), fgets(), fputs()

– 프로그램 보기 62:

```
/***************************************************************/
/*                                                             */
/*    파일이름  :  TEST062                                     */
/*    내용      :  gets(), puts() 함수                         */
/*                                                             */
/***************************************************************/

#include <stdio.h>              /*  선행처리기 */
#include<conio.h>

main()
{
  char buffer[80];

  printf("\n 문자열 입력 함수 gets() 예제 프로그램 \n");
  printf("\t\t문자를 입력하고 <ENTER> \n\n");
  gets(buffer);  /* gets()함수는 키보드로부터 문자열을 입력 받으며,   */
             /* <ENTER>키를 입력 받으면 널 문자 ('\0')를 포함  */
  printf(buffer);
  puts(buffer);
   /* 문자열를 표준 출력하는데 출력 문자 끝에는            */
   /* 반드시 null 문자('\0')가 존재하여 개행 문자('\n')으로   */
   /* 변환되어 출력된다.                                 */
```

```
    getch();
}


- 프로그램 보기 63:

/****************************************************************/
/*                                                              */
/*    파일이름  :  TEST063                                      */
/*    내용     :  fgets() 함수                                  */
/*                                                              */
/****************************************************************/

  #include <stdio.h>              /*  선행처리기 */
  #include <conio.h>

main()
{
  FILE  *fp;   /* 파일 포인터 변수 */
  char buffer[10];

  printf(" fgets()함수 예제 프로그램");
  fp = fopen("sample", "rt");
   /*  파일 sample를 읽기 모드로 열어              */
   /*   파일 포인터 fp 에 저장                     */

while (fgets(buffer,10,fp) != NULL)
  /* fp가 지정한 곳에서 10만큼 buffer에 저장    */
  puts(buffer);       /* buf에 저장된 것을 출력                */
  getch();
}
```

- 프로그램 보기 64:

```
/*****************************************************************/
/*                                                               */
/*    파일이름  :   TEST064                                       */
/*    내용      :   fgets(), fputs() 함수                         */
/*                                                               */
/*****************************************************************/

    #include <stdio.h>              /*  선행처리기   */
    #include <conio.h>

main()
{
    char buffer[80];
    FILE *in,*out;              /* 파일 포인터 변수 선언   */

    printf(" fgets()와 fputs()함수 예제  ");
    in = fopen("sample.txt", "rt");
     /* 파일 in.dat를 텍스트 읽기모드로 열고 파일 포인터 in에 저장    */
    out = fopen("out.dat", "wt");
     /* 파일 out.dat를 텍스트 쓰기모드로 열고 파일 포인터 out에 저장 */
    while (fgets(buffer, 80, in))  /* in이 지정한 곳에서 80만큼 buffer에 입력
*/
    {
        fputs(buffer, out);        /* buffer에 저장된 것을 파일 포인터에 출력 */
        printf("%s",buffer);    /* buffer의 내용을 화면 출력          */
    }
    fclose(in);
    fclose(out);
    getch();
    return 0;
}
```

4. 파일 조작 함수

- 파일의 오류(ERROR)나 파일 끝(EOF(End Of File))의 판별
- 입출력에 사용되는 버퍼 조작
- 파일 조작 함수

함수명	형　식	반 환 값	기　　능
feof	feof(파일포인터)	파일 끝이면 1, 파일 끝이 아니면 0을 반환	파일포인터로 지정된 파일이 파일 끝인가를 검사
ferror	ferror(파일포인터)	오류 발생시 1(true), 오류 없으면 0(false) 반환	파일포인터로 지정된 파일의 입출력 오류 검사
fflush	fflush(파일포인터)	오류 발생시 EOF, 오류 없으면 0(false) 반환	버퍼에 채워진 자료를 실제 파일에 전송하고 버퍼를 비움
setbuf	setbuf(파일포인터, 문자열)	없　음	시스템이 지정한 버퍼를 사용자가 지정한 버퍼로 내용을 변경시킴
clearerr	clearerr(파일포인터)	없　음	파일 포인터의 오류 상태 해제하고 파일 포인터의 ERROR/EOF 플래그 Reset(0 으로 전환)

- 프로그램 보기 65:

```
/**************************************************************/
/*                                                            */
/*    파일이름  :  TEST065                                    */
/*    내용     :  feof() 함수                                 */
/*                                                            */
/**************************************************************/

#include <stdio.h>
#include <conio.h>

int main(void)
{
    FILE *stream;

    stream = fopen("sample.txt", "r");      /* 파일 읽기 전용 열기 */
    fgetc(stream);  /* 파일로부터 한 문자 읽어 들임 */
    if (feof(stream))        /* 파일 끝 검사 */
                        /* 파일 끝이면 1,  파일 끝이 아니면 0을 반환  */
        printf("파일 끝 도달하였음 \n");
        else
        {
         while (!feof(stream))      /* 파일 끝이 아니면 */
          putchar(getc(stream));
        printf("파일 끝 도달하였음 \n");
        }
    fclose(stream); /* 파일 종료 */
    getch();
    return 0;
}
```

- 프로그램 보기 66:

```
/*******************************************************************/
/*                                                                 */
/*    파일이름  :  TEST066                                         */
/*    내용      :  feof() 함수                                     */
/*                                                                 */
/*******************************************************************/

#include <stdio.h>
#include <conio.h>

int main(void)
{
    FILE *stream;

    stream = fopen("test", "w");
    putc('a', stream);
    if (ferror(stream) == 1)
    /* 파일 포인터에 지정된 파일 입출력 오류 검사   */
    /* 오류 발생시 1(true), 오류 없으면 0(false) 반환  */
    {
        printf("test 파일 쓰기 중 오류 발생 \n");   /* 오류 메시지 */
        /* reset the error and EOF indicators */
        clearerr(stream);  /* 파일 포인터의 오류 상태 해제  */
                /* 파일 포인터의 ERROR/EOF 플래그 Reset( 0 으로 전환) */
    }
    else
    {
        printf("test 파일 쓰기 중 오류 없음 \n");
    }
    fclose(stream);
    getch();
    return 0;
```

                    }

    • 버퍼(Buffer), 플러시(Flush)

    ① 버퍼(Buffer)
        · 버퍼
          입출력 자료를 일시적으로 저장하는 메모리
        · 장점
          - 매번 디스크의 파일에 자료를 전송하지않기 때문에
            디스크의 전송속도를 높임
          - 일반적으로 파일을 사용하는 모든 입출력 자료는 버퍼를 사용하여
            이루어진다. 그러므로 모든 자료는 일단 버퍼에 기록된 뒤 파일에
            전송되거나, 메모리의 해당 위치로 옮겨진다.
          - 파일에 대한 실제 전송은 버퍼가 가득 채워 질 때까지 기다렸다가 버퍼가
            가득 채워지면 이루어진다.
          - 보기)
                fputs("Korea", fp);
                fputs("Seoul", fp);
                fputs("Jongro", fp);
                fputs("135 번지",fp);

                4개의 문자열을 파일에 출력하고자 할 때, 각 문자열은 fputs()함수가
                실행될 때마다 실제로 파일에 출력하는 것이 아니라, 일단은 모두
                버퍼에 모아 두었다가 버퍼가 가득 차면 파일에 출력한다.

    ② 플러시(Flush)
        - 플러시
          버퍼에 채워진 자료를 실제 파일에 전송하고 버퍼를 비우는 것
        - 일반적으로 플러시는 적적한 시기에 자동적으로 실행된다.

　　　　　　　　- flcose()함수가 실행되어 파일이 종료될 때 버퍼는 플러시된다.

　　　　　　　　- fflush() 함수

　　　　　　　　　　버퍼를 강제적으로 플러시시킨다

- 프로그램 보기 67:

```
/*****************************************************************/
/*                                                               */
/*    파일이름  :  TEST067                                        */
/*    내용      :  fflush() 함수                                  */
/*                                                               */
/*****************************************************************/

#include <stdio.h>
#include <conio.h>

main()
{
  char str[30];       /* 문자형 선언  */

  printf(" 문자열을 입력 하시오 \n");
  fflush(stdout);     /* 표준 출력 장치(모니터,stdout)용 버퍼용    */
                      /* 모두 표준 출력 파일에 출력하고 버퍼를   */
                      /* 비운다     */

  gets(str);
  printf("입력한 문자열  \n ");
  puts(str);
  getch();
}
```

- 프로그램 보기 68:

```
/***************************************************************/
/*                                                             */
/*    파일이름  :  TEST068                                      */
/*    내용      :  fflush() 함수                                */
/*                                                             */
/***************************************************************/

#include <stdio.h>
#include <conio.h>

main()
{
  char str[80];

  printf(" 문자열을 입력 하시오 \n");
  fflush(stdout);          /* 버퍼를 비운다             */
  fgets(str,20,stdin);  /* stdin은 표준 입력 파일을 가리키는 파일 포인터 */
  printf("입력한 문자열  \n ");
  fputs(str, stdout); /* stdout은 표준 출력 파일을 가리키는 파일 포인터 */
  getch();
}
```

5. 랜덤 액세스 함수

· 입출력 파일에서 입출력 자료의 특정 위치를 찾는 함수
· 랜덤 액세스 함수

함수명	형　　　식	기　　　능
fseek	fseek(파일포인터, 오프세트, 모드)	파일포인터를 모드에서 오프세트 바이트만큼 이동 시킴.
ftell	ftell(파일포인터)	파일 포인터의 현재 위치를 검사함.
rewind	rewind(파일포인터)	파일 포인터를 파일 선두 위치로 이동 하고 ERROR, EOF 플래그를 reset 시킴.

- 프로그램 보기 69:

```
/****************************************************************/
/*                                                              */
/*    파일이름  :  TEST069                                       */
/*    내용      :  fseek()와 ftell() 함수                        */
/*                                                              */
/****************************************************************/

#include <stdio.h>
#include<conio.h>

int main(void)
{
    FILE *stream;

    stream = fopen("sample.txt", "w+");
    fprintf(stream, "This is a test");
    printf("파일 포인터는 %ld 번째에 위치하고 있음   \n", ftell(stream));
        /*  ftell()                                         */
        /*  파일 포인터의 현재 위치를 반환한다               */
        /*  파일의 처음부터 현재의 파일 포인터까지의 offset를  */
        /*  long int형으로 반환                              */
        /*  ftell()의 수행 실패시 반환 값은 -1               */
    fclose(stream);
    getch();
    return 0;
}
```

- 프로그램 보기 70:

```
/*******************************************************************/
/*                                                                 */
/*    파일이름  :  TEST070                                          */
/*    내용      :  fseek()와 ftell() 함수                           */
/*                                                                 */
/*******************************************************************/

#include <stdio.h>
#include<conio.h>

int main(void)
{
    FILE *stream;
    long filesize(FILE *stream);

    stream = fopen("sample.txt", "w+");
    fprintf(stream, "This is a test");
    printf("sample.txt의 파일 크기는 %ld 바이트  \n", filesize(stream));
    fclose(stream);
    getch();
    return 0;
}

long filesize(FILE *stream)
{
    long curpos, length;

    curpos = ftell(stream);
    fseek(stream, 0L, SEEK_END);
        /*********************************************/
        /* fseek() 함수                              */
        /* 파일에서 입력이나 출력 자료의 위치를 찾는 함수      */
```

```
/* 파일 포인터의 현재의 위치를 offset 만큼 이동시킨다. */
/* 형식                                          */
/* fseek(fp, offset, mode);                      */
/* fp : 파일 포인터                              */
/* offset : 오프 세트                            */
/*          이동 바이트 수를 음수 및 양수로 지정   */
/* mode : 모드                                   */
/*     0 : 파일의 처음                           */
/*     1 : 파일의 현재 위치                      */
/*     2 : 파일의 끝                             */
```

```
/***************************************************************/
/*  fseek 함수 수행 성공시 0을 반환, 실패시 -1                    */
/*  보기)                                                       */
/*    fseek(fp, 0l, 0);  R/W위치를 처음으로 이동                 */
/*    fseek(fp, 0l, 2);  R/W위치를 끝으로 이동                   */
/*    fseek(fp, 123l, 0);  R/W위치를 123번째로 이동              */
/*    fseek(fp, 123l, 1);  R/W위치를 현재 위치 +123번지의 위치를 이동 */
/*    fseek(fp, -15l, 1);  R/W위치를 현재 위치 -15번지의 위치로 이동  */
/***************************************************************/
    length = ftell(stream);
    fseek(stream, curpos, SEEK_SET);
    return length;
}
```

- 프로그램 보기 71:

```
/***************************************************************/
/*                                                             */
/*   파일이름  :  TEST071                                       */
/*   내용       :  ftell() 함수                                 */
/*                                                             */
/***************************************************************/

#include <stdio.h>
#include<conio.h>
```

7장 : 함수(Function) • 175

```
main()
{

    FILE *fp;

    fp = fopen("sample.txt","r");
    fseek(fp, 0l, 2);              /*  R/W위치를 끝으로 이동  */
    printf("\n\n\n\tfile length = %1d\007", ftell(fp));
    getch();
    return 0;
}
```

– 프로그램 보기 72:

```
/*****************************************************************/
/*                                                               */
/*    파일이름  :  TEST072                                        */
/*    내용       :  rewind() 함수                                  */
/*                                                               */
/*****************************************************************/

#include <stdio.h>
#include<conio.h>

int main(void)
{
    FILE *fp;
    char   first;

    fp = fopen("sample02.txt","w+");
    fprintf(fp, "abcdefghijklmnopqrstuvwxyz");
    rewind(fp);
    /* 파일의 처음으로 파일 포인터를 재설정시키는 함수 */
    /* 오류 플래그와 EOF 플래그를 reset 시킨다         */
    /* fseek(fp,0l,0)와 같은 의미                      */
```

```
        fscanf(fp, "%c", &first);
        printf("파일 내용의 첫 문자는 %c \n", first);
        fclose(fp);
        getch();
        return 0;
}
```

(3) 저수준 입출력 함수(Low-Level Input Output Functon)

　・ 고수준 입출력 함수와의 차이점
　　- 운영체제(Operating System)에 의존
　　- 파일의 입출력을 위하여 버퍼의 크기, 파일 포인터 등을 사용자가 지정
　　- 파일을 문자나 문자열 단위로 처리하지 않고 단순한 자료의 블록(Block)으로
　　　 처리하는 경우에 유리

　・ 저수준 입출력 함수의 다른 호칭
　　- 비버퍼식 입출력 함수(unbuffered I/O function)
　　- 비형식 입출력 함수(unformatted I/O function)
　　- UNIX류 입출력 함수(UNIX-like I/O function)

　1. 파일 열기(open) 및 종결(close) 함수

　　① 파일 열기(open) 함수
　　　・ 함수명
　　　　 open();

　　　・ 형식
　　　　 open(파일명, 오픈모드 〔, 액세스 모드〕)
　　　　 - 파일명(file name)

열고자 하는 파일 이름

- 오픈 모드(open mode)
  - 파일을 열 때의 조건 또는 선택 상수
  - 라이브러리의 fcntl.h 헤더 파일에 정의
  - 시스템에 따라 다름
  - 각각의 선택 상수를 비트 OR하여 조합하여 사용 가능

- 액세스 모드(access mode)
  - 접근 허가 조건
  - UNIX 환경에서 호환성을 위하여 선언되며 생략 가능

· 기능

파일 열기

· 파일 오픈 때의 오픈 모드 종류

오픈 모드	기 능
O_APPEND	파일 포인터를 파일의 끝으로 이동.
O_CREAT	새로운 파일을 생성하고 열기.
	파일 이미 존재하면 아무런 영향 없음
	파일이 존재하지 않으면 새 파일 생성
O_EXCL	O_CREAT 사용할 때, 이미 파일이
	존재하면 오류값을 반환한다. (Exclusive open)
O_RDONLY	파일을 읽기만 하려고 열기(read-only)
O_RDWR	읽기/쓰기하기 위하여 파일을 열기.
O_TRUNC	현재 파일의 길이를 0으로 만들어줌.
	파일 이미 존재하면 기존의 파일의 내용 무시
	파일 속성은 변하지 않음 (Open with truncation)
O_WRONLY	쓰기만 허용하는 파일 열기.
O_BINARY	이진 모드(binary mode)로 파일 열기.
O_TEXT	텍스트 모드(text mode)로 파일 열기.

· 파일 핸들(file handle)
  - 저수준 입출력에서는 파일 포인터를 사용하지 않고 운영체제에 사용하는
    정수형 파일 기술자(integer file descriptor)

- 파일 핸들을 사용하여 파일에 대한 입출력 조작 가능
- 시스템에 따라 먼저 설정되어 있을 수 있음
- 표준 파일 핸들의 값

입출력 종류	핸들 값
표준 입력	0
표준 출력	1
표준 오류 출력	2
표준 보조 입출력	3
표준 프린터 출력	4

② 파일의 종결(close) 함수

· 함수명

close();

· 형식

close(파일 기술자(file descriptor))

· 기능

-파일 종료

- 파일이 정상적으로 종료되면 반환(return)값   -1이 아닌 값

- 파일이 정상적으로 종료되지 않았으면 반환(return)값   -1

- 프로그램 보기 73:

```
/******************************************************************/
/*                                                                */
/*    파일이름   :   TEST073                                       */
/*    내용       :   open(), close() 함수                          */
/*                                                                */
/******************************************************************/
```

```c
#include <string.h>
#include <stdio.h>
#include <fcntl.h>
#include <io.h>
#include<conio.h>

int main(void)
{
    int handle;
    char msg[] = "Seoul Korea";

    if ((handle = open("sample.dat", O_CREAT | O_TEXT)) == -1)
        /* 파일을 텍스트 모드로 생성 오픈하고 실패시 -1을 비교한다 */
    {
        printf("파일 생성 열기 실패");
        return 1;
    }
    else
    {
        printf(msg);
        write(handle, msg, strlen(msg));   /* 파일에 메시지 기록 */
    }
    close(handle);          /* 파일 종료  */
    getch();
    return 0;
}
```

- 프로그램 보기 74:

```
/**************************************************************/
/*                                                            */
/*    파일이름  :  TEST074                                    */
/*    내 용      :  open(), close() 함수                      */
/*                                                            */
/**************************************************************/

#include <string.h>
#include <stdio.h>
#include <fcntl.h>
#include <io.h>
#define bufsize 80
#include<conio.h>

int main(void)
{
    int handle;
    char ch;

    if ((handle = open("sample.txt", O_RDONLY)) == -1)
        /* 파일을 읽기 전용으로 열고 반환 값이 -1이면 열기 실패 */
    {
        perror("파일 열기 실패");
        return 1;
    }
    else
    {
        lseek(handle, 0L, SEEK_SET);   /* 파일 처음으로 이동 */
        do    /* 파일 끝까지 문자들을 읽어 들임 */
        {
            read(handle, &ch, 1);     /* 1 Byte씩 읽어 들임 */
            printf("%c", ch);
```

```
        } while (!eof(handle));      /* 파일 끝이 아닐때까지 */
    }
    getch();
}
```

2. 파일 생성 함수
   · 함수명
       creat();

   · 형식
       creat(파일명, 액세스 모드)
       - 파일명(file name)
         생성 함수의 파일 이름

       - 액세스 모드(access mode)
         · 파일 접근방식 지정
         · Unix 파일 시스템에서 하나의 파일에 9비트로 파일 소유자,
           사용자 그룹, 기타 사용자에 대한 파일의 접근 방식을 지정 (chmod)

       - 액세스 모드 종류

액세스 모드 상수	기 능
S_IWRITE	기 록 허 용
S_IREAD	판 독 허 용
S_IWRITE : S_IREAD	기 록 및 판 독 허 용

   · 기능
     새로운 파일 생성
     파일이 생성 성공 반환(return)값   0
     파일이 생성 실패 반환(return)값   -1

3. 파일 입출력 함수

① 파일의 출력(write) 함수

　·　형식
　　write(파일핸들, 버퍼, 바이트 수)

　　　- 파일핸들(file handle)
　　　- 버퍼(buffer)
　　　　파일에 기록할 자료가 있는 버퍼
　　　- 바이트 수
　　　　파일에 기록할 바이트 수

　·　기능
　　파일에 기록

② 파일 입력(read) 함수

　·　형식
　　read(파일핸들, 버퍼, 바이트수)

　·　기능
　　- 파일에 기록된 자료를 읽어 버퍼에 입력
　　- 오류 발생 반환(return)값　　　　　-1
　　- 오류 없음 반환값　　　　　　　　문자수
　　- 파일 끝이면 반환(return)값　　　　0

4. 기타 저수준 입출력 함수

① 파일 임의 접근 함수

- 형식

lseek(파일핸들, 바이트 수, 이동위치 모드)

- 파일핸들(file handle)
- 바이트 수(offset)
  - 이동할 바이트 수로 양수 또는 음수 값
  - 자료형 : long int
- 이동위치 모드(seek mode)
  - 파일 임의 접근에 있어 위치를 정해 주는 모드

- 이동위치 모드 종류

이동위치 모드 상수	기　　능
SEEK_SET 또는 0	파일의 처음부터 계산
SEEK_CUR 또는 1	파일의 현재 위치에서부터 계산
SEEK_END 또는 2	파일의 끝에서부터 계산

- 기능
  - 파일에 대한 임의 접근
  - 오류 발생 반환(return)값　　　　　　-1
  - 오류 없음 반환값　　　　　　이동 바이트 수(오프 세트 값)

- 보 기
  - lseek(handle, 0, 0);　　/* 파일의 처음 접근　　　　　*/
  * lseek(handle, 2, 1);　　/* 파일의 현재 위치에서 +2에 접근 */
  * lseek(handle, -3, 2);　　/* 파일의 끝에서 -3에 접근　　*/

- 프로그램 보기 75:

```
/***************************************************************/
/*                                                             */
/*    파일이름  :  TEST075                                     */
/*    내용      :  lseek() 함수                                */
/*                                                             */
/***************************************************************/


#include <sys\stat.h>
#include <string.h>
#include <stdio.h>
#include <conio.h>
#include <fcntl.h>
#include <io.h>


int main(void)
{
    int handle;
    char *msg = "seoul korea";
    char ch;

    handle = open("sample02.dat",
            O_TRUNC | O_CREAT | O_RDWR, S_IREAD | S_IWRITE);
            /* 파일 생성 */
    write(handle, msg, strlen(msg));     /* 파일에 자료 기입 */
    lseek(handle, 0L, SEEK_SET);      /* 파일 초기 접근 */
    do        /* 문자를 파일 끝까지 읽음 */
    {
        read(handle, &ch, 1);
        printf("%c", ch);
    }  while (!eof(handle));
    close(handle);
```

```
        getch();
        return 0;
    }
```

② 파일 제거 함수

　　　・ 형식
　　　　unlink(파일명)

　　　・ 기능
　　　　- 파일 삭제
　　　　- 오류 발생 반환(return)값　　　　　-1

- 프로그램 보기 76:

```
/****************************************************************/
/*                                                              */
/*   파일이름  :  TEST076                                        */
/*   내 용    :  unlink() 함수                                   */
/*                                                              */
/****************************************************************/



#include <stdio.h>
#include <io.h>
#include <conio.h>

int main(void)
{
    int status;
```

```
    status = access("sample1.dat",0);        /* 파일 액세스 성공 반환값 0 */
    if (status == 0)
        {
        printf(" 파일 존재 \n");
        printf(" 파일을 삭제합니다 \n");
        unlink("sample1.dat");
        }
    else  printf(" 파일이 존재하지 않습니다 \n");
    getch();
    return 0;
}
```

③ 기타 입출력 함수

함수명	기 능
chsize()	파일의 크기를 변경
eof()	파일의 끝인가를 검사
filelength()	파일의 길이를 검사
getfc()	파일의 특성을 검사
lockf()	파일을 lock 또는 unlock
locking()	파일을 lock 또는 unlock
opene()	확장(extension) 기능을 이용한 파일 열기
rlock()	파일을 lock
runlk(0	파일의 unlock
setmode()	파일의 변화 모드 설정
tell()	파일의 문자 포인터 위치를 검사

7-5. 문자 및 문자열 함수

- 문자 평가 함수
- 문자 변환 함수
- 문자열 조작 함수

(1) 문자 평가 함수

- 한 개 문자의 종류를 검사
- is-로 시작하는 함수는 매크로(macro)로 〈ctype.h〉에 정의 되어 있다.
- is-로 시작되는 함수에서 검사된 항목이 만족하면 반환값 1 (true),
  그렇지 않으면 반환값 0 (false)

- 문자 평가 함수의 종류

함 수 명	기 능
isalnum(c)	영문자, 숫자를 검사(A - Z, a - z, 0 -9이면 true)
isalpha(c)	영문자인가를 검사(A - Z, a - z이면 true)
isascii(c)	옳은 아스키 코드(ox00 - ox7f)인가를 검사
iscntrl(c)	제어 문자 (ox20보다 작은 코드)인가를 검사
isdigit(c)	숫자(0 - 9)인가를 검사
isgraph(c)	그래픽 문자인가를 검사(ox21 - ox7e이면 true)
islower(c)	영문 소문자인가를 검사(a - z이면 true)
isprint(c)	출력 가능한 문자인가를 검사(ox20 - ox7e이면 true)
ispunct(c)	기호(symbol) 문자인가를 검사(예 : period)
isspace(c)	공백 문자인가를 검사
isupper(c)	영문 대문자인가를 검사
isxdigit(c)	16진 문자인가를 검사

- 보기)
  - if (isalpha(c))   /* 문자 c가 영문자이면 */
  - if (isspace(c))   /* 문자 c가 공백이면 */
  - if (isdigit(c))   /* 문자 c가 숫자이면 */

(2) 문자 변환 함수

- · 한 개 문자를 소문자 또는 대문자로 변환
- · 〈ctype.h〉에 정의 되어 있다.
- · 문자 변환 함수 종류

함 수 명	기 능
toascii(c)	최상위 비트를 제거하여, 비 ASCII 정수값을 ASCII 코드로 변환
tolower(c)	대문자이면 소문자로 변환
toupper(c)	소문자이면 대문자로 변환
_tolower(c)	무조건 소문자로 변환
_toupper(c)	무조건 대문자로 변환

- 프로그램 보기 77:

```
/*******************************************************************/
/*                                                                 */
/*   파일이름   :   TEST077                                         */
/*   내용       :   tolower() 함수                                  */
/*                                                                 */
/*******************************************************************/

#include <stdio.h>
#include <conio.h>
#include <ctype.h>
#include <string.h>

int main(void)
{
    int number, result;
    int length, i;
    char str[] = "STRING";
```

```
        number = 511;
        result = toascii(number);
        printf("nummer %d result %d\n", number, result);
        length = strlen(str);
        for (i=0; i<length; i++)
        str[i] = tolower(str[i]);
        printf("%s\n", str);
        for (i = 0; i < length; i++)
        {
            if ((str[i] >= 'A') && (str[i] <= 'Z'))
                str[i] = _tolower(str[i]);
        }
        printf("%s\n",str);
        getch();
        return 0;
}
```

(3) 문자열 조작 함수

· <string.h>에 정의
· 문자열 조작 함수 종류

함 수 명	기 능
stcat()	문자열의 연결
strchr()	지정된 문자열의 최초 발견 위치 검사
stcmp()	문자열의 비교
strcpy()	문자열의 복사
strins()	문자열의 삽입
strlen()	문자열의 길이를 판정
strncat()	지정된 길이로 문자열을 연결
strncmp()	지정된 길이로 문자열을 비교
strncpy()	지정된 길이로 문자열을 복사
stmset()	지정된 길이로 문자열을 설정
strtchr()	지정된 문자의 최후 발견 위치 검사
strset()	문자열을 읽어들임
stoi(0	문자열을 정수값으로 변환

1. strlen() 함수

- · 문자열의 길이를 반환하는 함수
- · 널문자 ('\0')는 포함하지 않는 문자열의 길이
- · 형식

  strlen(str);

  str : 문자열

- 프로그램 보기 78:

```
/*****************************************************************/
/*                                                               */
/*    파일이름  :   TEST078                                       */
/*    내용      :   strlen() 함수                                 */
/*                                                               */
/*****************************************************************/

#include <stdio.h>
#include <string.h>
#include<conio.h>

int main(void)
{
    char *string = "Seoul Korea";

    printf("%d\n", strlen(string));
    getch();
    return 0;
}
```

2. strcpy() 와 strncpy() 함수

· 문자열을 복사
· 형식
strcpy(str1, str2);

- 문자열 str2의 내용을 문자열 str1에 복사
- str1이 가리키는 버퍼에 str2가 가리키는 문자열을 복사하고
함수 값으로 str1의 값을 반환

strncpy(str1, str2, len);
- 문자열 str2의 내용을 처음부터 문자 길이(len)만큼 문자열
str1에 복사
- str1는 문자열을 복사할 때 문자열 끝에 널스트링 ("\0")을
첨가하여야 하므로 복사 문자열 str2의 길이 + 1 (len+1)만큼
크기를 확보하여야 한다
- str2의 문자열 길이가 len의 길이를 넘는 경우는 처음부터
len 길이까지만 복사되며, len의 길이보다 작은 경우는 처음부터 len
길이까지 복사되며 나머지 부분은 널문자('\0')로 채운다.

- 프로그램 보기 79:

```
/********************************************************************/
/*                                                                  */
/*   파일이름  :  TEST079                                           */
/*   내용    :  strcpy(), strncpy() 함수                            */
/*                                                                  */
/********************************************************************/

#include <stdio.h>
#include <string.h>
```

```
#include<conio.h>

int main(void)
{
    char string[12];      /* str1의 길이가 11이므로 str1의 길이 + 1의 배열
크기 */
    char *str1 = "seoul korea";

    strcpy(string, str1);        /* str1을 string에 복사 */
    printf("%s\n", string);
    strncpy(string, str1, 3);    /* str1을 string에 3개만 복사 */
    string[3] = '\0';
    printf("%s\n", string);
    getch();
    return 0;
}
```

3. strcat(), strncat() 함수

- 문자열을 연결시키는 함수
- 형식
  strcat(str1,str2);
  - 문자열 str2의 내용을 문자열 str1에 연결
  - str1이 가리키는 버퍼에 str2가 가리키는 문자열을 연결하고
    함수 값으로 str1의 값을 반환

  strncat(str1,str2,len);
  - 문자열 str2의 내용을 처음부터 문자 길이(len)만큼 문자열 str1에
    연결

- 프로그램 보기 80:

```
/****************************************************************/
/*                                                              */
/*    파일이름  :  TEST080                                       */
/*    내용      :  strcat(), strncat() 함수                      */
/*                                                              */
/****************************************************************/

#include <string.h>
#include <stdio.h>
#include<conio.h>

int main(void)
{
    char dest[30];
    char *blank = " ", *city = "seoul", *nation = "korea";
    char *str;
    int len;

    strcpy(dest, nation);       /* 문자열 nation을 dest에 복사       */
    strcat(dest, blank);        /* 문자열 dest에 문자열 blank를 연결 */
    strcat(dest, city);         /* 문자열 dest에 문자열 city를 연결   */
    printf("%s\n", dest);
    str = "jongro";
    len = strlen(str);
    strcat(dest, blank);
    strncat(dest, str, len);    /* 문자열 dest에 문자열 str를 len만큼 연결  */
    printf("%s\n", dest);
    getch();
    return 0;
}
```

4. strchr(), strrchr() 함수

· 문자의 위치 탐색 함수
· 형식
   strchr(string, ch);
    - string : 문자열
      탐색되는 문자열
    - ch : 문자
      탐색 문자
    - 문자열에서 탐색 문자 발견 성공시 반환값   ----- 최초 문자 위치
      문자열에서 탐색 문자 발견 성공시 반환값   ----- 0
    - 문자열에서 탐색 문자의 최초의 위치 반환

   strrchr(string, ch);;
    - 문자열에서 탐색 문자 발견 성공시 반환값   ----- 최초 문자 위치
      문자열에서 탐색 문자 발견 성공시 반환값   ----- 0
    - 문자열에서 탐색 문자의 최초의 위치 반환

- 프로그램 보기 81:

```
/***************************************************************/
/*                                                             */
/*    파일이름  :  TEST081                                     */
/*    내용      :  strchr(), strrchr() 함수                    */
/*                                                             */
/***************************************************************/


#include <string.h>
#include <stdio.h>
#include<conio.h>
```

```
int main(void)
{
    char string[15];
    char *ptr, c;

    c = 'k';
    strcpy(string, "seoul korea");        /* 문자 복사 */
    ptr = strchr(string, c);              /* 문자 탐색  */
    if (ptr)                              /* 문자 발견시 */
        printf("문자열에서 문자의 최초 위치 %c : %d\n", c, ptr-string);
        else printf("문자열에서 탐색 문자가 없습니다 \n");
    c = 'e';
    ptr = strrchr(string, c);
    if (ptr)
        printf("문자열에서 문자의 마지막 위치 %c : %d\n", c, ptr-string);
    else  printf("문자열에서 탐색 문자가 없습니다\n");
    getch();
    return 0;
}
```

5. strcmp(), strncmp() 함수

- 문자 비교 함수
- 형식
  strcmp(string1, string2);
    - string1 : 문자열
    - string2 : 문자열
    - 반환값
      string1 〉 string2   반환값 양수 (〉 0)
      string1 = string2   반환값   0
      string1 〈 string2   반환값 음수 (〈 0)

strncmp(string1, string2, n);

 - string1 : 문자열

 - string2 : 문자열

 - n : 비교할 길이

- 프로그램 보기 82:

```
/****************************************************************/
/*                                                              */
/*    파일이름  :  TEST082                                       */
/*    내 용     :  strcmp(), strncmp() 함수                     */
/*                                                              */
/****************************************************************/

#include<stdio.h>  /* STanDard Input. Output header */
#include<conio.h>  /*  CONsole Input. Output header */
#include<stdlib.h>
#include<string.h>

int main()
{
    int ch;
    int p;
    char ch1, ch2;
    char str[10];
    float a2;

    printf("Hello World\n");
    printf("실수 입력 \n");
    scanf("%f", &a2);
```

```c
printf("  p === %f \n", a2 );

if (a2 == 0)
{
    printf("  error \n" );
    exit(1);
}

printf("정수 입력 \n");
scanf("%d", &p);
printf("  p === %d \n", p);
fflush(stdin);    // 입력 버퍼를 비운다

printf("문자 a 입력 \n");
scanf("%c", &ch1);
printf("  p === %c \n", ch1);
if (ch1 == 'a')
  {
        printf(" a 입니다.  \n ");
  }
  else
  {
        printf(" a가 아닙니다. \n ");
  }
fflush(stdin);    // 입력 버퍼를 비운다

printf("문자 입력 \n");
scanf("%s", str);
printf("  p === %s \n", str);
```

```
fflush(stdin);      // 입력 버퍼를 비운다

printf("문자열 입력 abc \n");
gets(str);
printf("    p === %s  \n ", str);

 if (strcmp(str, "abc")==0)
    {
        printf(" 일치합니다.  \n ");
    }
    else
    {
        printf(" 일치하지 않습니다.  \n ");
    }

printf("문자열 입력 홍 길동 \n");
gets(str);
printf("    p === %s  \n ", str);

  if (strcmp(str, "홍 길동")==0)
    {
        printf(" 일치합니다.  \n ");
    }
    else
    {
        printf(" 일치하지 않습니다.  \n ");
    }

printf("\n \n ");
```

```
        puts(str);

        ch = getch();
        return 0;
    }
```

- 프로그램 보기 83:

```
/****************************************************************/
/*                                                              */
/*    파일이름  :  TEST083                                       */
/*    내용     :  strcmp(), strncmp() 함수                       */
/*                                                              */
/****************************************************************/

#include <string.h>
#include <stdio.h>
#include<conio.h>  /*  CONsole Input. Output header */

int main(void)
{
    char *str1 = "aaa", *str2 = "bbb", *str3 = "ccc";
    char *str4 = "aaabbb", *str5 = "bbbccc";
    char *buf2;
    int ptr;

    ptr = strcmp(str2, str1);    /* 문자열 비교 */
    if (ptr > 0)     /* str2가 str1보다 클 경우 */
       printf("string2는 string1보다 크다 \n");
       else  printf("string2는 string1 보다 작다 \n");
    ptr = strcmp(str2, str3);    /* 문자열 비교 */
    if (ptr > 0)
       printf("string2는 string3보다 크다 \n");
       else  printf("string2는 string3보다 작다 \n");
```

```
    buf2 = "ccc";
    ptr = strcmp(str2, str3);        /* 문자열 비교 */
    if (ptr == 0)
        printf("string2는 string3와 같다 \n");
        else   printf("string2는 string3와 같지 않다 \n");
    ptr = strncmp(str5, str4, 3);      /* 처음부터 3개의 문자열 비교 */
    if (ptr > 0)
        printf(" 처음부터 3개의 string5는 string4보다 크다 \n");
        else   printf(" 처음부터 3개의 string2는 string3보다 작다 \n");
    ptr = strncmp(str5, str3, 3);      /* 처음부터 3개의 문자열 비교 */
    if (ptr > 0)
        printf(" 처음부터 3개의 string5는 string3보다 크다 \n");
        else   printf(" 처음부터 3개의 string5는 string3보다 작다 \n");
    ptr = strncmp(str1, str4, 3);    /* 처음부터 3개의문자열 비교 */
    if (ptr == 0)
        printf(" 처음부터 3개의 string1는 string4와 같다 \n");
        else printf(" 처음부터 3개의 string1는 string4와 같지 않다 \n");
    getch();
    return 0;
}
```

7-6. 메모리 함수

- 메모리에 관한 함수
- 메모리 자료 처리 함수

(1) 메모리에 관한 함수
  · 프로그램에서 일시적으로 큰 메모리가 필여한 경우
    메모리를 동적으로 할당, 해제하여 주는 함수
  · ⟨alloc.h⟩ 또는 ⟨malloc.h⟩에 정의
  · 메모리 함수의 종류

함 수 명	기　　능
calloc()	지정된 크기를 배열 영역을 할당
free()	메모리 영역의 해제
malloc()	메모리 영역의 할당
realloc()	메모리 영역의 재할당
sbrk()	저수준 메모리의 할당

① 메모리 공간 초기화 함수

· 함수명

calloc();　　/* clear allocation */

· 형식

calloc(number, size);

　　- number : 배열 원소의 수

　　- size　　: 배열 원소의 바이트 크기

　　- size 크기의 원소를 number 개 배열로 0으로 초기화한다.

· 기능

메모리 공간을 배열로 할당하여 0으로 초기화한다

· 반환값

　　- 메모리 공간을 배열로 할당 성공　-----　할당된 메모리의 포인터 반환

　　- 메모리 공간을 배열로 할당 실패　-----　NULL(0) 반환

- 프로그램 보기 84:

```
/**************************************************************/
/*                                                            */
/*    파일이름  :  TEST084                                     */
/*    내용      :  calloc() 함수                               */
/*                                                            */
/**************************************************************/



#include <stdio.h>
#include <stdlib.h>
#include <alloc.h>
#include <string.h>
 #include<conio.h>   /*  CONsole Input. Output header */

int main(void)
{
    char *str = NULL;

    str = (char *) calloc(10, sizeof(char));    /* 문자열을 위한 메모리 할당 */
    strcpy(str, "seoul");     /* 문자열 seoul을 복사 */
    printf("메모리에 할당된 문자열은  %s\n", str);   /* 화면 출력 */
    free(str);  /* 메모리 해제 */
    getch();
    return 0;
}
```

② 메모리 할당 함수

· 함수명
    malloc();   /* memory allocation */

· 형식

　malloc(size);

　　- size 　: 할당하려는 메모리 크기(바이트 크기)

　　- size 크기의 메모리를 힙 메모리(heap memory)에 할당

· 기능

　메모리 공간을 배열로 할당하여 0으로 초기화한다

· 반환값

　　- 메모리 할당 성공 ----- 할당된 메모리의 포인터 반환

　　- 메모리 할당 실패 ----- NULL(0) 반환

- 프로그램 보기 85:

```
/*******************************************************************/
/*                                                                 */
/*   파일이름  :  TEST085                                          */
/*   내용     :  malloc() 함수                                     */
/*                                                                 */
/*******************************************************************/



#include <stdio.h>
#include <string.h>
#include <alloc.h>
#include <process.h>
#include <stdlib.h>
#include<conio.h>   /*  CONsole Input. Output header */

int main(void)
{
    char *str;
```

```
    if ((str = (char *) malloc(10)) == NULL)
        /* 문자열을 위한 메모리 할당 */
    {      /* 메모리 부족 */
        printf("메모리가 부족 합니다. \n");
        exit(1);  /* 프로그램 종료 */
    }
    strcpy(str, "seoul");   /*  문자열 복사 */
    printf("문자열 %s\n", str);
    free(str);              /* 메모리 해제 */
    getch();
    return 0;
}
```

③ 메모리 재할당 함수

　　　　· 함수명
　　　　　realloc();

　　　　· 형식
　　　　　realloc(pointer, size);
　　　　　　- pointer : 기존의 메모리 블록에 대한 포인터
　　　　　　- size   : 재할당하려는 새로운 메모리 크기(바이트 크기)
　　　　　　- pointer가 가리키는 기존의 메모리를 새로운 메모리 크기(size)로
　　　　　　　할당

　　　　· 기능
　　　　　메모리 공간을 재할당

　　　　· 반환값
　　　　　　- 메모리 할당 성공 ----- 할당된 메모리의 포인터 반환
　　　　　　- 메모리 할당 실패 ----- NULL(0) 반환

- 프로그램 보기 86:

```
/***************************************************************/
/*                                                             */
/*    파일이름  :  TEST086                                     */
/*    내용      :  realloc() 함수                              */
/*                                                             */
/***************************************************************/

#include <stdio.h>
#include <alloc.h>
#include <string.h>
#include <stdlib.h>
#include<conio.h>   /*  CONsole Input. Output header */

int main(void)
{
    char *str;

    str = (char *) malloc(10);        /* 문자열을 위한 메모리 할당 */
    strcpy(str, "seoul");             /* 문자열 복사 */
    printf("문자열 %s \n    주소 %p\n", str, str);
    str = (char *) realloc(str, 20);     /* 메모리 재할당 */
    printf("문자열 %s \n   새주소 %p\n", str, str);
    free(str);        /* 메모리 해제 */
    getch();
    return 0;
}
```

④ 메모리 해제 함수

　　　　· 함수명

　　　　　free();

- 형식

  free(pointer);
    - pointer : 기존의 할당된 메모리에 대한 포인터

- 기능

  할당된 메모리 공간을 해제

- 반환값 없음

(2) 메모리 자료 처리 함수

- 메모리내의 자료의 복사, 검색, 비교, 출력, 이동 등에 대한 함수

- 메모리 자료 처리 함수의 종류

함 수 명	기 능
memcopy()	메모리 자료를 복사
memchr()	메모리 자료의 검색
memcmp()	메모리 자료의 비교
memcpy()	메모리 자료를 복사
memset()	메모리 자료를 출력
movedata()	메모리 자료의 이동
movmem()	메모리 자료의 이동
peek()	메모리 자료를 읽어 들임
poke()	메모리에 자료를 수록
repmem()	메모리 자료를 복사
setmem()	메모리 블럭에 자료를 설정
swmem()	메모리 불럭을 치환

7-7. 수치 함수

- 수치에 관한 여러 가지 함수가 정의
- 〈math.h〉에 정의
- 수치 함수의 종류

함수명	기 능
abs (i)	수치의 절대값 (결과는 int형)
acos(d)	수치의 아크 코사인값 (결과는 double형, 라디안 값)
asin(d)	수치의 아크 사인값 (결과는 double형, 라디안 값)
atan(d)	수치의 아크 탄젠트값 (결과는 double형, 라디안 값)
atan2(d1, d2)	제 2 아크 탄젠트 값 (결과는 double형, 라디안 값)
atof(string)	아스키 문자열을 실수로 변환(ASCII to float)
atoi(string)	아스키 문자열을 정수로 변환(ASCII to lntger)
atol(string)	아스키 문자열을 long형 정수로 변환(ASCII to long)
ceil(d)	지정된 수치보다 크거나 같은 최소 정수 계산(ceiling)
cos(d)	수치의 코사인값
cosh(d)	수치의 하이퍼블릭 코사인값

함수명	기 능
exp(d)	수치의 지수 함수값
fabs(d)	float형 수치의 절대값
floor(d)	수치보다 작거나 같은 최대 정수값
fmod(d)	float형 수치 나눗셈의 나머지 값
frexp(d)	지수부와 가수부의 분리
iabs(i)	int형 수치의 절대값
labs(l)	long형 수치의 절대값
log(d)	long함수의 값(밑은 e)
log10(d)	상용 대수값(밑은 10)
power(i1, i2)	i1의 i2 승을 계산
rand()	난수 발생 (0 - 정수의 최대값 사이의 정수)
sin(d)	수치의 사인값
sinh(d)	수치의 하이퍼블릭 사인값
sqr(d)	수치의 제곱값
sqrt(d)	수치의 제곱근
srand(수치)	난수 발생 seed를 설정, 난수의 결과가 같음을 방지
tan(d)	수치의 탄젠트값
tanb(d)	수치의 하이퍼블릭 탄젠트값

· i : 정수형, d : double 형,   string : 문자열

7-8. 시간 함수

- 시간에 관한 여러 가지 함수가 정의
- 〈time.h〉에 정의
- 시간 함수의 종류

함 수 명	기 능
asctime()	시간을 판정
ctime()	1970년 1월 1일 이후의 경과 초수 판정
ftime()	현재의 시간 판정
getclk()	현재의 시간 판정
gmtime()	그리니치 표준 시간 판정

함 수 명	기 능
localtime()	지역별 시간 판정
stpdate()	날짜 자료를 문자 자료로 변환
stptime()	시간 자료를 문잘 자료로 변환
time()	시스템 시간을 초단위로 판정
tzname()	시간명을 판정
tzset()	시간명을 판정

7-9. 프로세스 제어 함수

- 프로세스를 종료시키거나 프로세스간의 제어이동 함수
- 〈process.h〉 또는 〈stdlib.h〉에 정의

① 프로세스 종료 함수

· 함수명

exit();, _exit()

· 형식

exit(status);

_exit(status);

    - status : 프로세스 종료시 반환 코드값

· 기능

    - 실행 중인 프로세스를 종료하고,

       그 프로세스를 호출한 상위 프로세스로 제어를 넘겨줌

    - 버퍼(Buffer)를 플러쉬(Flush)한다

    - 열린 모든 파일을 종결 한다.

· 반환값

    - 프로세스 종료 성공 ------ 반환값 0

    - 프로세스 종료 실패 ------ 반환값 0이 아닌 값

- 프로그램 보기 87:

```
/****************************************************************/
/*                                                              */
/*    파일이름  :  TEST087                                       */
/*    내 용     :  exit() 함수                                   */
/*                                                              */
/****************************************************************/

#include <stdlib.h>
#include <conio.h>
#include <stdio.h>

int main(void)
{
    int status;

    printf(" 1 또는 2를 입력하시오 \n");
    status = getch();
```

```
        exit(status);                  /* 프로그램 종료 */
        printf("화면 출력이 되지 않음 ");   /* 화면 출력이 되지 않음 */
        return 0;
}
```

② 시스템 호출 함수

· 함수명
system();

· 형식
system(command);
- command : 운영체제의 명령어

· 기능
- 시스템을 호출하여 운영체제의 명령어를 실행하고,
  그 프로세스를 호출한 상위 프로세스로 제어를 넘겨줌

· 보기
system("dir ");
system("type autoexec.bat ");

7-10. 정렬 함수

• 자료를 정렬시키는 함수
• ⟨stdlib.h⟩에 정의
• 함수명
qsort();

- 형식

qsort(pointer, n, size, function name) ;
- pointer : 정렬하고자하는 배열을 가리키는 포인터
- n : 배열 원소의 개수
- size : 배열 원소의 크기
- function name : 비교 대상 함수 이름

- 기능
- 자료를 정렬시키며, 정렬하고자 하는 자료는 동일요소의 배열

- 프로그램 보기 88:

```
/******************************************************************/
/*                                                                */
/*    파일이름  :  TEST088                                         */
/*    내용      :  qsort() 함수                                    */
/*                                                                */
/******************************************************************/

#include <stdio.h>
#include <stdlib.h>
#include <string.h>
#include <conio.h>

int sort_function( const void *a, const void *b);
char list[5][4] = { "cat", "car", "cab", "cap", "can" };

int main(void)
{
    int  x;

    qsort((void *)list, 5, sizeof(list[0]), sort_function);
    for (x = 0; x < 5; x++)
```

```c
        printf("%s\n", list[x]);
    getch();
    return 0;
}

int sort_function(const void *a, const void *b)
{
    return(strcmp((char *)a, (char *)b) );
    /* a > b  양수    */
    /* a = b   0      */
    /* a < b  음수    */
}
```

8장 : 배열(Array)

- 배열
  - 같은 자료형을 저장하는 연속적인 기억 장소 위치의 집합.
  - 정해진 값(Value)과 인덱스(Index)의 쌍으로 이루어진 요소들의 집합.

- 배열의 장점
  1. 같은 자료형에 대한 많은 변수를 사용하지 않아도 된다.

    - 변수 선언 :
      int a1, a2, a3, a4, a5; ⇒ 5 개의 정수형 변수 사용
      int a[5];   ⇒ 1 개의 정수형 배열 변수 사용

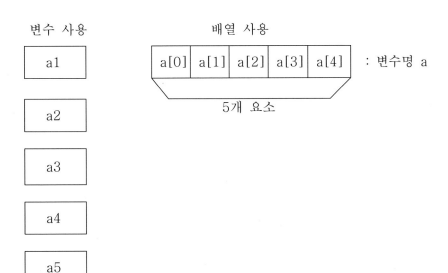

2. 메모리와 검색에 있어 효율적.

   각 변수를 사용하면 많은 메모리를 소비하게 되며 검색하는데 있어
   비효율적이다.

3. 프로그램 작성에 있어 효율적이다.

   a1 = 0; a2 = 0; · · · a100 = 0 을 지정하여야 한다.
   그러나 위의 두문장으로 프로그램 명령문을 표현.

· 보기)

```
for (i=0; i < 100; ++i)
a[i] = 0;
```

• 배열의 종류

   · 1차원 배열(One Dimensional Array)
   · 2차원 배열(Two Dimensional Array)
   · 3차원 배열(3 Dimentional Array)
   · 다차원 배열

8-1. 1차원 배열(one dimensional array)

• 1차원 배열
  ·첨자(Subscript Index)를 한개만 사용하는 배열
  ·첨자(Index)는 0부터 시작
  ·벡타(Vector)라고도 한다.
  ·배열명 [i]   /* 배열의 i번째 요소   */
    보기) a[2]   /* 배열명 a의 2번째 요소 */

· 1차원 배열 요소 개수 ⇒ n 개

• 1차원 배열 선언 형식

storage class   data type   array name〔element size〕

· 기억 클래스(storage class)
    - auto, register, static, extern 등의 기억클래스 지정
    - 생략시 auto로 간주
    - 자동(auto)형 배열 선언
      변수 선언문에서의 배열의 원소에 대한 초기값 부여 불가능
      각각의 원소에 대한 초기값 부여 반드시 필요
    - 정적(static) 또는 외부(extern) 배열 선언
      변수 선언문에서의 배열의 원소에 대한 초기값 부여 가능
      초기화 생략시 모든 배열 원소 0으로 초기화

· 자료형(data type)
    - 배열 원소에 대한 자료형

· 배열명(array name)
    - 사용자가 지정한 배열 이름
· 원소 개수(〔element size〕)
    - 배열 원소 개수
· 보기
    1) char ch〔4〕; /* 4개의 문자형 원소를 가지는 배열 변수 a */
              /* 자동형 배열이므로 값을 한 개씩 대입   */
       ch〔0〕 = ´a´; ch〔1〕 = ´b´; ch〔2〕 = ´c´; ch〔3〕 = ´d´;

2) static char ch[4] = { 'a', 'b', 'c', 'd' };
   /* 정적 배열변수 초기화 */
   /* ch[0] = 'a'; ch[1] = 'b'; ch[2] = 'c'; ch[3] = 'd'; 와 동일 */

3) extern char ch[4] = { 'a', 'b', 'c', 'd' };
   /* 외부 배열변수 초기화 */
   /* ch[0] = 'a'; ch[1] = 'b'; ch[2] = 'c'; ch[3] = 'd'; 와 동일 */

4) static char ch[] = "abcd";   /* 문자열 선언 */
   /* ch[0] = 'a'; ch[1] = 'b'; ch[2] = 'c'; ch[3] = 'd'; 와 동일 */

5) int k[3];   /* 3개의 정수형 원소를 가지는 정수형 배열 */
                  /* 자동형 배열이므로 값을 한 개씩 대입   */
   k[0] = 10; k[1] = 20; k[2] = 30;

6) static int k[3] = {10, 20, 30};   /* 정적 배열변수 초기화 */
                  /* k[0] = 10; k[1] = 20; k[2] = 30; 과 동일 */

7) extern int k[3] = {10, 20, 30};   /* 외부 배열변수 초기화 */
                  /* k[0] = 10; k[1] = 20; k[2] = 30; 과 동일 */

8) static float f[] = {3.14, 4.14, 5.14}; /* 정적 배열변수 초기화 */
   /* f[0] = 3.14; f[1] = 4.14; f[2] = 5.14; 과 동일 */

- 1차원 배열 구조

    char a〔5〕; /* 5 개의 문자형 요소를 가지는 변수 a */

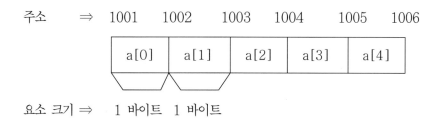

    주소   ⇒ 1001   1002   1003   1004   1005   1006

    | a[0] | a[1] | a[2] | a[3] | a[4] |

    요소 크기 ⇒   1 바이트 1 바이트

        a : 배열명
        5 : 배열 요소 개수

8-2. 2차원 배열(two dimensional array)

- 2차원 배열
  - 첨자(Subscript Index)를 2 개 사용하는 배열
  - 첨자(Index)는 0부터 시작
  - 1차원 배열이 중복 되어 사용

- 배열명 〔i〕〔j〕   /* i행(Row), j열(Column)번째 요소 */
  보기) a〔3〕〔5〕   /* 3행 5열번째 요소   */

- 2차원 배열 요소 개수 ⇒ n×m 개의 기억 공간
                    n : 첫번째 첨자에 대한 요소 길이
                    m : 두번째 첨자에 대한 요소 길이

- 2차원 배열 선언 형식

storage class   data type   array name[element size][element size]

보기)

1) int a[10][5]; /* 10 개 행과 5 개 열의 정수형 요소를 가지는 변수 a */

2) static char a[2][3] = { { 'a', 'b', 'c' }, { 'd', 'e', 'f' } };

　　　　/* a[0][0] = 'a'; a[0][1] = 'b'; a[0][2] = 'c'; */

　　　　/* a[1][0] = 'd'; a[1][1] = 'e'; a[1][2] = 'f'; */

3) static char a[2][4] = { "abc", "def" }

　　　/* a[0][0] = 'a'; a[0][1] = 'b'; a[0][2] = 'c'; a[0][3] ='\0' */

　　　/* a[1][0] = 'd'; a[1][1] = 'e'; a[1][2] = 'f'; a[1][3] ='\0' */

4) static char a[3][6] = {'s','e','o','u','l', '\0',

　　　　　　　'k','o','r','e','a','\0',

　　　　　　　'k','i','m','\0','\0','\0' };

5) static int k[3][4] = { 1,2,3,4,

　　　　　　5,6,7,8,

　　　　　　9,10,11,12};

6) static int k[3][4] = { {1,2,3,4}, {5,6,7,8}, {9,10,11,12} };

- 2차원 배열 구조

보기) a[3,4];

a[0, 0]	a[0, 1]	a[0, 2]	a[0, 3]	1 행
a[1, 0]	a[1, 1]	a[1, 2]	a[1, 3]	2 행
a[2, 0]	a[2, 1]	a[2, 2]	a[2, 3]	3 행

　1 열　　　2 열　　　3 열　　　4 열

8-3. 3차원 배열(three dimensional array)

- 3차원 배열
  - 첨자(Subscript Index)를 3개 사용하는 배열
  - 배열명 〔i,j,k〕   /* i면(Table), j행(Row), k열(Column)번째 요소 */
    보기) a〔1,3,5〕   /* 1면 3행 5열번째 요소   */
  - 3차원 배열 요소 개수 ⇒ l×n×m 개의 기억 공간

    l : 첫번째 첨자에 대한 요소 길이

    n : 두번째 첨자에 대한 요소 길이

    m : 세번째 첨자에 대한 요소 길이
- 3차원 배열 구조

  보기) int 〔2, 3, 4〕;

a[0, 0, 0]	a[0, 0, 1]	a[0, 0, 2]	a[0, 0, 3]	
a[0, 1, 0]	a[0, 1, 1]	a[0, 1, 2]	a[0, 1, 3]	⇒ 1 면
a[0, 2, 0]	a[0, 1, 2]	a[0, 2, 2]	a[0, 2, 3]	

a[1, 0, 0]	a[1, 0, 1]	a[1, 0, 2]	a[1, 0, 3]	
a[1, 1, 0]	a[1, 1, 1]	a[1, 1, 2]	a[1, 1, 3]	⇒ 2 면
a[1, 2, 0]	a[1, 1, 2]	a[1, 2, 2]	a[1, 2, 3]	

- 3차원 배열 선언 형식

    storage class   data type   array name〔element size〕〔element size〕〔element size〕

보기)

　　int a[3][10][5];　/* 3개 면, 10개 행과 5개 열의 정수형 요소를 가지는 변수 a */

– 프로그램 보기 89:

```
/**************************************************************/
/*                                                            */
/*    파일이름  :  TEST089                                    */
/*    내용      :  1차원 배열                                 */
/*                                                            */
/**************************************************************/

#include<stdio.h>  /* STanDard Input. Output header */
#include<conio.h>  /*  CONsole Input. Output header */
#include<stdlib.h>
#include<string.h>

int main()
{
    int ch;
    int p;

    char ch1, ch2;

    int a[5];
    int temp;
    float a2;
    int len;
    int i, j;
```

```
printf("Hello World\n");

for (i=1; i <= 5; ++i)
{
    printf("%d 정수를 입력하세요  \n", i);
    scanf("%d", &a[i]);
}

printf("\n\n\n");

for (i=1; i <= 4; ++i)
{
    for (j=i+1; j <= 5; ++j)
    {
      if (a[j] < a[i])
      {
            temp = a[j];
            a[j] = a[i];
            a[i] = temp;
      }
    }
}

for (i=1; i <= 5; ++i)
{
    printf("%d 정수를 출력합니다. %d  \n", i, a[i]);
}

ch = getch();
```

```
        return 0;
    }




- 프로그램 보기 90:

/**************************************************************/
/*                                                          */
/*    파일이름  :  TEST090                                   */
/*    내용     :  1차원 배열                                 */
/*                                                          */
/**************************************************************/

#include<stdio.h>   /* STanDard Input. Output header */
#include<conio.h>   /*  CONsole Input. Output header */

main()
{
    int i;
    char ch[6];                 /* 자동형 기억 클래스 배열 선언 */
    static char b[] = "korea";   /* 정적형 기억 클래스 배열 선언 */

    ch[0] = 's'; ch[1] = 'e'; ch[2] = 'o'; ch[3] = 'u';  ch[4] = 'l';  ch[5] =
'\0';
      /*  배열은 0부터 첨자가 시작                      */
      /*  자동형 배열은 한꺼번에 초기화가 되지 않으므로   */
      /*  각 배열의 요소 별로 값을 부여                  */
    for ( i=0; i<6 ; i++ )                /* 배열의 원소 값 출력 */
    printf("\n\t\t ch[%d] = %c", i, ch[i]);
    for ( i=0; i < 6; i++ )               /* 배열의 원소 값 출력 */
    printf("\n\t\t b[%d] = %c", i, b[i]);
    printf("\n\n\t b[]의 값은  %s",b);
    printf("press to any key.....");
    getch();
    return 0;
```

}

- 프로그램 보기 91:

```
/******************************************************************/
/*                                                                */
/*    파일이름  :  TEST091                                        */
/*    내용      :  1차원 배열을 이용한 정렬                        */
/*                                                                */
/******************************************************************/

#include<stdio.h>   /* STanDard Input. Output header */
#include<conio.h>   /*  CONsole Input. Output header */

#define num 5

main()
{
    int a[num];
    int i, j, x, y, z;
    for(i=0; i<=num-1; i++)
    {
        printf("정수를 입력 하시오 (5개)?"); scanf("%d", &a[i]);
    }
    printf("<SORT 결과>\n");
    for(i=0; i<=num-1; i++)
    {
        x = a[i];
        z = a[i];
        y = i;
        for(j=i; j<=num-1; j++)
        if (a[j]<z)
          {
            z = a[j];
            y = j;
          }
```

```
            a[y] = x;
            a[i] = z;
            for(j=0; j<=i; j++)
            printf("%d \t", a[j]);
            printf("\n");
        }
    getch();
}
```

- 프로그램 보기 92:

```
/**************************************************************/
/*                                                          */
/*    파일이름  :  TEST092                                    */
/*    내용     :  1차원 배열을 이용한 진수 변환                 */
/*                                                          */
/**************************************************************/

#include<stdio.h>  /* STanDard Input. Output header */
#include<conio.h>  /*  CONsole Input. Output header */

main()
{
    static char num16[ ] = { '0', '1', '2', '3', '4', '5',
                             '6', '7', '8', '9', 'A', 'B', 'C', 'D', 'E', 'F'};
    int n[64];
    long int num;
    int x, bin, i = 0;

    printf("10진수 입력 => ");
    scanf("%ld", &num);
    printf("변환할 진법 => ");
    scanf("%d", &bin);
    do
    {
```

```
        n[i] = num % bin;
        i++, num /= bin;
    } while(num != 0);
    printf("변환된 수 => ");
    for (i--; i >= 0; i--)
    {
        x = n[i];
        printf("%c", num16[x]);
    }
    printf("\n");
    getch();
}
```

- 프로그램 보기 93:

```
/****************************************************************/
/*                                                              */
/*    파일이름  :  TEST093                                       */
/*    내용      :  2차원 배열                                     */
/*                                                              */
/****************************************************************/

# include <stdio.h>
#include<conio.h>   /*  CONsole Input. Output header */

main()
{
    int i, j;
    static char a[2][3] = {{'s','e','o'}, {'u','l','\0'}};
    /* 정적형 기억 클래스 배열 선언 */
    static char b[2][7] = {"korea","jongro"};
    /* 정적형 기억 클래스 배열 선언 */
    static char name[3][5] = {"hong","kil","dong"};

    for ( i=0; i <= 1; i++ )        /*  배열의 원소 값 출력 */
    {
```

```
        for ( j = 0; j <= 2; ++j)
            printf("\n a[%d][%d]의 값   %c", i, j, a[i][j]);
    }
    for ( i=0; i <= 1; i++ )    /* 배열의 원소 값 출력 */
    {
        for ( j = 0; j <= 5; j++)
            printf("\n b[%d][%d]의 값   %c", i, j, b[i][j]);
    }
    for ( i=0; i <= 2; i++ )          /* 배열의 원소 값 출력 */
    printf("\n name[%d]의 값        %s", i, name[i]);
    printf("press to any key.....");
    getch();
    return 0;
}
```

- 프로그램 보기 94:

```
/***************************************************************/
/*                                                             */
/*    파일이름  :  TEST094                                      */
/*    내용      :  행렬의 합                                    */
/*                                                             */
/***************************************************************/

#include <stdio.h>
#include<conio.h>  /*  CONsole Input. Output header */

main()
{
    int a[3][4] = {{1,2,3,4},{5,6,7,8},{9,10,11,12}};
    int i, j, sum = 0;

    for(i=0; i<3; i++)
    {
        for(j=0; j<4; j++)
        sum = sum + a[i][j];
```

```
    }
    printf("행렬의 합계 : %d \n", sum);
    getch();
}
```

9장 : C 언어 실습예제

1. 두 정수 A,B를 입력받아 A/B의 결과를 출력하는 프로그램

```
/**************************************************************/
/*                                                            */
/*    두 정수  A, B를 입력 받아  A/B 결과를 출력              */
/*                                                            */
/**************************************************************/

#include <stdio.h>
#include <stdlib.h>
#include <conio.h>
#include<string.h>

 main()
  {
   char str01[10], str02[10];
   int a, b;                      /* 'a' and 'b' are integer           */

   printf(" 두 정수  A 와  B 를  입력하세요...\n\n");
   printf(" A에서 B를 나눈 몫과 나머지를 출력합니다.\n");
   printf("A : ");
   gets(str01);           /*  문자열을 입력            */
   a = atoi(str01);       /*  string to integer        */
   printf("B : ");
   gets(str02);
   b = atoi(str02);       /*  string to integer        */
   if (b <= 0)        /* if b is less then 0, print to error message...  */
    {
```

```
        printf("\n\n\a\a 입력오류!  B가 0보다 작습니다. ");
      }
    else                         /* else satement            */
      {
        printf("\n\n\t\t A / B 의 몫은 %d이고, 나머지는 %d입니다.", a/b, a%b);
      }
    printf("\n\n Press any key ...");
    getch();
    return 0;
}       /*        End of main    */
```

2. 사칙연산 프로그램

```
#include <stdio.h>
#include <stdlib.h>
#include <conio.h>
#include<string.h>

void line_01()
{
   int i;      /*  정수형 선언  */

   printf("\n\n");
   for(i=1; i<=80; i++)
   {
      printf("=");
   }
   printf("\n");
}

 int main()
 {
   long int a,b,c,d,e;
   char con;
```

```
        float f;

        do
        {
            line_01();
            printf(" 계산기 [+ - * /] \n");
            line_01();
            printf("a=  \n");
            scanf("%ld", &a);
            printf("b=  \n");
            scanf("%ld",&b);
            c=a+b;    d=a-b;   e=a*b;    f=a/b;
            printf("%ld + %ld = %ld 입니다\n ",a,b,c);
            printf("%ld - %ld = %ld 입니다\n ",a,b,d);
            printf("%ld * %ld = %ld 입니다 \n",a,b,e);
            printf("%ld / %ld = %2f 입니다 \n",a,b,f);
            printf(" go on to conitue...[y/n] \n");
            con = getch();
        } while(con=='y');
}
```

3. 구구단을 출력하는 프로그램

```
/************************************************************/
/*        프로그램 내용 : 구구단 출력                       */
/************************************************************/

#include <stdio.h>
#include <conio.h>

main()
{
    int i, j;              /* 제어 변수  */
    int mul;
```

```c
    int low = 5, col = 1;

    printf("2에서 9까지 구구단을 출력합니다.\n");
    for ( j = 2; j < 10; j++)
    {
       for(i = 1; i < 10; i++)
       {
          mul = j * i;
             printf("  %d  *     %d =      %d\n", j, i, mul);
       }
    }
    printf(" 아무 키나  ...\n");
    getch();
    return 0;
}
```

4. 입력한 정수의 홀수, 짝수를 판단하는 프로그램

```c
/**************************************************************/
/*                                                          */
/* 짝수 홀수를 구하는 프로그램                                 */
/*                                                          */
/**************************************************************/

#include <stdio.h>
#include <conio.h>

void line_01()
{
   int i;    /* 정수형 선언 */

   printf("\n\n");
   for(i=1; i<=80; i++)
   {
```

```c
            printf("=");
        }
    printf("\n");
}

int main()
{
    int  num, num1;
    int  quit;
    char con;

  quit = 0;
    do
    {
        line_01();
        printf(" 짝수인지 홀수인지를 판단 \n");
        printf("정수를 입력하시오  \n");
        scanf("%d",&num);
        num1=num%2;                /* 나머지를 계산 */
        switch(num1)            /* 짝수 ,홀수를 판단 */
        {
            case 1 :
                    printf(" 입력한 정수는 홀수입니다 \n");
                    break;
            case  0 :
                    printf(" 입력한 정수는 짝수입니다 \n");
                    break;
            default :  printf("오류  \n");
        }
        printf(" 계속하겠읍니까 [y/n] ? \n");
        con = getch();
        /* 계속 수행 여부를 결정, 대문자로 바꾸어 입력 받음 */
        if (con=='y')
            quit = 0;
            else  quit=1;
```

```
    } while(quit != 1);
}
```

5. for문, while문, do-while문을 이용한 1부터 10까지의 합을 구하는 프로그램

```
/******************************************************************/
/*                                                                */
/* for문, while문, do-while문 을 이용한 1부터 10까지 합을 구한다      */
/*                                                                */
/******************************************************************/

#include <stdio.h>
#include <conio.h>

void line_01()
{
    int i;      /*  정수형 선언  */

    printf("\n\n");
    for(i=1; i<=80; i++)
    {
        printf("=");
    }
    printf("\n");
}

int main()
{
    char ans;                      /*   문자형 변수 선언    */
    int quit1, quit2, quit3;       /*   정수형 변수 선언    */
    int i;
    int sum;

    quit1 = 0;
```

```c
do
{                                    /*   전체 루프 시작    */

    line_01();
    printf(" ME_NU  \n");            /* 주 메뉴 그림   */
    printf(" [1]    for 문 사용 합 구하기    \n ");
    printf("[2]     while 문 사용 합 구하기  \n ");
    printf("[3]     do-while 문 사용 합 구하기 \n");
    printf(" 선    택 ====>           ");
    quit2 = 0;
    do
    {
        ans = getch();   /* answer */
        printf(" 결    과 \n");
        switch(ans)
        {                       /* switch문 시작    */
          case '1' :            /* ans = 1          */
                    sum = 0;
                    for(i = 1; i <= 10; ++i)    /* 1부터 10까지 1씩 증가*/
                    sum = sum + i;
                    printf(" [for 문] _ 1부터 10 까지의 합은 %d이다 \n", sum);
                    quit2 = 1;
                    break;   /* switch문  탈출  */
          case '2' :            /* ans = 2          */
                    sum = 0;
                    i = 1;
                    while ( i <= 10) /* i 값이 10이 될때까지 while문 실행 */
                    {
                     sum = sum + i;
                     i = i + 1;
                    }
                    printf(" [while 문] _ 1부터 10 까지의 합은 %d이다 \n", sum);
                    quit2 = 1;
                    break;
          case '3':             /* ans = 3          */
```

```
                    sum = 0;   i = 1;
                    do
                    {
                        sum = sum + i;
                        i = i + 1;
                    } while (i <= 10);  /* i 값이 10일때 까지 반복 실행 */
                    printf("[do-while 문] _ 1부터 10 까지의 합은 %d이다 \n", sum);
                        quit2 = 1;
                    break;
              default :   quit2 = 0;   /* ans가 '1', '2' , '3'이 아닌 경우 */
              }                        /* switch 문 끝 */
        } while(quit2 != 1);          /* 선택된 메뉴 실행 루틴 종료 */
        quit3 = 0;
        do
        {
          printf("go on continue ?[y/n] ");
          ans = getch();  /* 입력 받은 문자를 대문자로 바꿈 */
          switch(ans)              /* 입력 문자에 대한 switch 문     */
          {
           case 'y':  quit1 = 0; quit3 = 1; break;
           case 'n':  quit1 = 1; quit3 = 1; break;
           default :    quit3 = 0;
          }
        } while(quit3 != 1);              /* quit3 = 1 이면 루프 종료     */
    } while(quit1 !=1);                   /*  quit1 = 1 이면 프로그램 종료  */
}
```

6. for문, while문, do-while문을 이용한 x부터 y 까지의 합을 구한다.

```
/******************************************************************/
/*                                                                */
/*  for문, while문, do-while문을 이용한 x부터 y 까지의 합을 구하는 프로그램  */
/*                                                                */
/******************************************************************/

#include <stdio.h>
#include <conio.h>

void line_01()
{
   int i;      /* 정수형 선언 */

   printf("\n\n");
   for(i=1; i<=80; i++)
   {
      printf("=");
   }
   printf("\n");
}

int main()
{
   char ans;                    /* 문자형 변수 선언 */
   int quit1, quit2, quit3, quit4;    /* 정수형 변수 선언 */
   int x, y;
   int i,sum;

   quit1 = 0;
   do
   {                            /* 전체 루프 시작 */
      line_01();
      quit2 = 0;
```

```c
do       /* 초기치가 최종치보다 클 경우 제어 루틴 시작 */
{
  printf(" [ 초기치 x 부터 최종치 y 까지 합을 계산 ]\n");
  printf("초기치 입력 ====>  \n");
  scanf("%d", &x);                    /* 초기치 x 입력 */
  printf("최종치 입력 ====>  \n");
  scanf("%d", &y);                    /* 최종치 y 입력 */
if ( x > y )
  {                 /*   x가 y 보다 클 경우 */
    printf("\a\a << 초기치가 최종치보다 큽니다>>\n");
    printf("계속하려면 아무키나 누르세요\n");
    getch();
    quit2 = 0;
  }
  else quit2 = 1;       /* x<y일 경우 계속 진행 */
} while(quit2 != 1);
printf(" << ME_NU >> \n");
printf("[1]    for 문 사용 합 구하기      \n");
printf("[2]    while 문 사용 합 구하기   \n");
printf("[3]    do-while 문 사용 합 구하기\n");
printf(" 선택 ====>           ");
quit3=0;
do
{                                    /* 선택된 메뉴 실행 */
ans = getch();
switch(ans)
{
   case '1' :    /* ans  = 1일 경우 for문 수행 */
              sum = 0;
             for (i = x; i <= y; i++)       /* i부터 b까지 1씩 증가 */
             sum = sum + i;                /* 합을 증가 */
            printf(" [for 문] _ %d 부터 %d 까지의 합은 %d 이다 \n", x, y, sum);
             quit3 = 1;    break;
      case '2' :   /* ans = 2일때 while문 수행   */
             i = x;   sum = 0;
```

```
                while (i <= y)    /* i의 값이 y가  될때까지 while문 실행 */
                {
                   sum = sum + i;          /* 합을 증가 */
                   i = i + 1;
                }
                printf(" [while 문] _ %d 부터 %d 까지의 합은 %d 이다\n",x,y,sum);
                quit3 = 1;   break;
          case '3':  /* ans = 3일때 do-while문 수행 */
                    i = x;    sum = 0;
                do
                {
                   sum = sum + i;
                   i = i + 1;
                } while (i <= y);  /* i값이 y일때까지 반복 */
                printf("[do-while 문] _ %d 부터 %d까지의 합은 %d 이다\n",x,y,sum);
                quit3 = 1;   break;
        default  :   quit3 = 0;
      }                                 /* switch 문 끝                */
   } while(quit3!=1);                /* 선택된 메뉴 실행 루틴 종료 */
   quit4=0;                          /* 루프전에 초기치 부여        */
   do
   {
     printf("go on continue ?[y/n]");
     ans = getch();
     /* 입력받은 문자를 대문자로 바꾸어 ans 변수에 저장 */
     switch(ans)                  /* 입력 문자에 대한 switch문 */
     {
        case 'y' :  quit1 = 0; quit4 =1; break;
        case 'n' :  quit1 = 1; quit4 =1; break;
        default   :  quit4 = 0;
        }
   } while (quit4 != 1);             /* quit4 값이 0 일때 루프 종료     */
 } while (quit1 != 1);              /* quit1 값이 0 일때 프로그램 종료 */
}
```

7. 200보다 작은 정수를 입력 받아 1 부터 입력 받은 정수값까지 합(sum)을 구하고, 그 결과값을 2 부터 9 까지 나누었을 때 나머지를 출력하는 프로그램을 작성하시오. 이때 입력된 정수가 200보다 크거나 0 보다 작을때에는 오류 메세지를 출력시키고 다시 입력받으며, 0 을 입력 받으면 프로그램이 종료된다.

```c
#include <stdio.h>
#include <conio.h>

void line_01()
{
  int i;      /*  정수형 선언  */

  printf("\n\n");
  for(i=1; i<=80; i++)
  {
      printf("=");
  }
  printf("\n");
}

main()
{
    char ans;
    int quit1, quit2;
    int num, sum, m;
    int i;

    line_01();
    quit1 = 0;
    do
    {
      printf("200보다 작은 정수를 입력하세요.  INPUT DATA \n");
      scanf("%d", &num);                    /* 숫자 입력 */
```

```c
    if (num > 0 && num <= 200)        /* 입력된 숫자 평가 */
      {
        sum = 0;
        for (i = 1; i <= num; ++i)
        sum = sum + i;
        printf("1부터 %d까지의 합은=====> %d \n", num, sum);
        for (i = 2; i <= 9; ++i)
        {
          m = sum % i;
          printf("%d을 %d로 나눈 나머지=====> %d \n", sum, i, m);
        }
      }
    else if (num == 0)
            {       printf("프로그램 종료\n");    }
            else
            {
                printf("\007잘못 입력하셨습니다.(1부터 200보다 작은 정수)\n");
            }
    quit2 = 0;
    do
    {
      printf("계속하시겠습니까? (y/n) ");
      ans = getche();          /* 의사를 묻는 문자 입력   */
      switch(ans)
      {
      case 'Y' :
      case 'y' : quit1=0;   quit2 = 1;   break;
      case 'N' :
      case 'n' : quit1=1;   quit2 = 1; break;
      default  : quit2 = 0;
                    printf( "input error !\007\007 \n");
      }
    } while (quit2 != 1);
  } while (quit1 != 1);              /*  do-while문의 종료 */
return 0;
```

}

8. 1부터 200까지의 2, 3, 5의 배수의 합을 구하는 프로그램을 작성하시오.

```
/****************************************************************/
/*                                                              */
/*   1부터 200까지의 2, 3, 5의 배수의 합을 구하는 프로그램         */
/*                                                              */
/****************************************************************/

#include <stdio.h>        /* 선행 처리기 */
#include <conio.h>

 main()
  {
    int i;
    int sum2 = 0, sum3 = 0, sum5 = 0;

    printf("1부터 200까지의 2, 3, 5 배수의 합를 구합니다. \n");
    for (i = 1; i <= 200; i=i*2)   sum2 = sum2 + i;
    printf("2의 배수의 합은====> %d \n", sum2);
    for (i = 1; i <= 200; i=i*3)        sum3 = sum3 + i;
    for (i = 1; i <= 200; i=i*5)        sum5 = sum5 + i;
    printf("3의 배수의 합은====>  %d \n", sum3);
    printf("5의 배수의 합은====>  %d \n", sum5);
    printf("아무런 키나 누르세요!");
    getch();
    return 0;
  }
```

9. 1부터 5000사이의 양의 정수를 계속해서 입력 받아 입력된 값들 중에서
   최소값과 최대값의 차이값 X을 구하시오.

   $X \geq 1000$이면 차이값 1000이상

   $500 \leq X < 1000$이면 차이값 500이상 1000미만

   $100 \leq X < 500$이면 차이값 100이상 500미만

   $50 \leq X < 100$이면 차이값 50이상 500미만

   $10 \leq X < 50$이면 차이값 10이상 50미만

   $10 < X$이면 차이값 10미만으로 화면에 출력한다.

   만일 입력된 점수가 0 ~ 5000사이가 아니면 오류 메세지를 화면에 출력시키
고 다시 입력을 받으며, 이때 0 이 입력되면 입력이 종료되어 이제까지 입력
된 최대값과 최소값의 차이를 구하는 프로그램을 작성하시오.

```
/*****************************************************************/
/*                                                             */
/*  1부터 5000사이의 양의 정수를 계속해서 입력 받아 입력된 값들      */
/*  중에서 최소값과 최대값의 차이값 x을 구한다.                    */
/*                                                             */
/*****************************************************************/


#include <stdio.h>
#include <stdlib.h>
#include <conio.h>
#include<string.h>
#include <conio.h>
#include <ctype.h>

#define TRUE -1
#define FALSE 0

void line_01()
{
  int i;      /* 정수형 선언 */
```

```c
    printf("\n\n");
    for(i=1; i<=80; i++)
    {
        printf("=");
    }
    printf("\n");
}

main()
{
    char *str,                              /* 숫자저장              */
         spaces[16] = "                ";   /* 입력값을 지울때        */
    int quit,                               /* 전체 종료             */
        num,                                /* str 을 정수 변환한 것  */
        length,                             /* str 의 길이           */
        i,                                  /* str 의 첨자           */
        error,                              /* 입력 오류 제어         */
        max,                                /* 최대값               */
        min,                                /* 최소값               */
        remainder;                          /* 최대와 최소의 차       */

    quit = FALSE;
    do
    {
        line_01();
        printf("1과 5000사이의 수를 입력받아 ");
        printf("그 중에서 최대값과 최소값의 차를 구하는 프로그램입니다.\n");
        printf("0을 입력하면 결과를 출력합니다.\n");
        printf("0 입력 전까지 입력한 수 중에서 최대값과 최소값의 차를 출력합니다.\n");
        line_01();
        printf("입력하세요.\n");
        /* 입력 받는 부분 */
        gets(str);
        length = strlen(str);
```

```
error = FALSE;
for(i = 0; i <= length-1; i ++)
{
    if (isdigit(str[i]) == 0)
    /* 원소가 문자이면 */
    {
        error = TRUE;            /* 입력 오류        */
        printf("\a 입력오류(수자가 아님)\n");
        printf(" 아무 키나 누르세요.\n");
        getch();
        break;        /*  for문을 빠진다. */
    }
}         /* End of for.  for문을 빠져나왔을 때,           */
          /* 입력이 수자이면 error값은 FALSE 이고,         */
          /* 입력중에 문자가 있으면 error값은 TRUE 이다.   */
if(error)  continue;      /* error 값이 TRUE 이면            */
                         /*  do~while 의 처음으로 되돌아가서   */
                         /*  다시 입력받는다.                 */
num = atoi(str);        /* 수자로 변환                    */
if (num < 1 || num > 5000)    /* 1~5000 이 아니면 */
{
    error = TRUE;             /* 입력 오류 */
    printf("\a 1~5000 수가 아님\n");
    printf(" 아무 키나 누르세요.\n");
    getch();
}
if(error) continue;    /* error 가 TRUE 이면 다시 입력받는다. */
                    /* 첫째 수 입력 완료됨 */
max = min = num;   /* 입력값을 일단 최대,최소로 둔다. */
/* 두 번째 수부터 입력받는다. */
while(num)
{
    gets(str);
    length = strlen(str);
    error = FALSE;
```

```
                    for(i = 0; i <= length-1; i ++)
                    {
                        if (isdigit(str[i]) == 0)
                        {
                            error = TRUE;
                            printf("\a 입력오류(수자가 아님)\n");
                            printf(" 아무 키나 누르세요.\n");
                            getch();
                            break;        /* for문을 빠진다. */
                        }
                    }        /* End of for.  for문을 빠져 나왔을 때,        */
                            /* 입력이 수자이면 error값은 FALSE 이고,        */
                            /*  입력중에 문자가 있으면 error값은 TRUE 이다.  */
                    if(error)
                    {
                        printf(spaces);
                        printf("                          ");
                        printf("                        \n");
                        continue;
                    }
                    num = atoi(str);            /* 수자로 변환 */
                    if ((num < 1) || (num > 5000) )
                    {
                        if (num == 0) break;
                        error = TRUE;
                        printf("\a 1~5000 수가 아님\n");
                        printf(" 아무 키나 누르세요.\n");
                        getch();
                    }
                    /* error 값이 TRUE 이면 먼저 입력한 값과 에러 메시지를 지우고  */
                    /* col 값을 8 을 빼서 열(column)을 재조정한 후                 */
                    /* while 로 되돌아가서 다시 값을 입력받는다.                   */
                    if(error)
                    {
                        printf(spaces);
```

```
            printf("                       ");
            printf("                        \n");
            continue;
        }
        if ( num > max )  max = num; /* max보다 크면 최대값을 바꿈 */
          else if ( (num < min) && (num != 0) )  min = num;
                /* 0 이 아니고 min보다 작으면 최소값을 바꿈 */


    }       /* End of while(num)                        */
      /* 입력이 0 이 아니었으면 열(column)을 8씩 증가시키면서     */
      /* 또 입력을 받고 처리한다.                              */
      /*  0 이 입력되면 max와 min과 비교를 끝내고               */
      /* while 루프를 빠진다.                                 */
    remainder =  max - min;
    printf("최대값은 %d  최소값은 %d  ", max, min);
    if (remainder >= 1000)
        printf("차이값이 1000 이상입니다.\n");
        else if (remainder >= 500)
            printf("차이값이 500 이상 1000 미만입니다.\n");
              else if (remainder >= 100)
                  printf("차이값이 100 이상 500 미만입니다.\n");
                  else if (remainder >= 50)
                      printf("차이값이 50 이상 100 미만입니다.\n");
                        else if (remainder >= 10)
                          printf("차이값이 10 이상 50 미만입니다.\n");
                          else
                              printf("차이값이 10 미만입니다.\n");
        printf("계속(Y) / 종료(아무 키나) ");
    quit   =((getch()    ==   'y')   ?   FALSE   :    TRUE);

  } while(quit != TRUE);
  return 0;
}
```

10. A....F문자를 화면에 한줄에 한 문자씩 출력시키고
   A를 입력 받으면 1부터 10까지의 합이 구하고,
   B를 입력 받으면 11부터 20까지의 합이 구하고,
   C를 입력 받으면 21부터 30까지의 합을 구하고,
   D를 입력 받으면 31부터 40까지의 합을 구하고,
   E를 입력 받으면 41부터 50까지의 합을 구하고
   F를 입력 받으면 프로그램이 종료되는 프로그램을
   for문과 switch문을 사용하여 작성하시오.

```
/*****************************************************************/
/*                                                               */
/*    A: 1 ~ 10  합                                              */
/*    B: 11 ~ 20  합                                             */
/*    C: 21 ~ 30  합                                             */
/*    D: 31 ~ 40  합                                             */
/*    E: 41 ~ 50  합                                             */
/*    F: 종료                                                    */
/*                                                               */
/*****************************************************************/

#include <stdio.h>
#include <stdlib.h>
#include<string.h>
#include <conio.h>

#define TRUE -1
#define FALSE 0

void line_01()
{
  int i;     /* 정수형 선언 */

  printf("\n\n");
  for(i=1; i<=80; i++)
  {
      printf("=");
```

```
      }
   printf("\n");
}

main()
{
      int i,sum;
      int error,    /* A~F 선택 제어  */
          quit;     /* 전체 종료 제어 */
      char sel;

      line_01();
      printf("A :1 ~ 10 합 \n");
      printf("B :11 ~ 20 합 \n");
      printf("C :21 ~ 30 합 \n");
      printf("D :31 ~ 40 합 \n");
      printf("E :41 ~ 50 합 \n");
      printf("F :종료 \n");
      quit = FALSE;
      do
      {       /*  출력과 계속 여부 질문을 지운다  */
          do
          {
             error = FALSE;   /* 에러가 없는 것으로 하고 잘못 입력하면   */
                              /*  TRUE로 하여 루프를 반복한다.          */
             sum = 0;       /* 반복할 경우 0으로 초기화(누적 방지)      */
             sel = getche();
               switch(sel)
               {
                  case 'A': for (i=1; i<=10; i++)  sum += i;
                        printf("1에서 10까지 합은 %d 입니다.\n",sum);
                         break;
                  case 'B': for(i=11; i<=20; i++)  sum += i;
                        printf("11에서 20까지 합은 %d 입니다.\n",sum);
                         break;
                  case 'C': for(i=21; i<=30; i++)   sum += i;
                        printf("21에서 30까지 합은 %d 입니다.\n",sum);
```

```
                      break;
          case 'D': for(i=31; i<=40; i++)    sum += i;
                    printf("31에서 40까지 합은 %d 입니다.\n",sum);
                      break;
          case 'E': for(i=41; i<=50; i++)    sum += i;
                    printf("41에서 50까지 합은 %d 입니다.\n",sum);
                      break;
          case 'F': quit = TRUE;
                      break;  /* 전체를 종료하기 위해 TRUE로 */
          default : error = TRUE; printf("\7\n");
                        /* 선택이 잘못된 경우 */
        }
    } while(error != FALSE);
    if (quit != TRUE)
        quit =((getch() == 'y') ? FALSE : TRUE);
  } while(quit != TRUE);
  printf("종료합니다. 아무 키나 누르세요.\n");
  getch();
  return 0;
}
```

11. Random을 사용하여 그 수가 0 ~ 1000 사이의 값이면 X라고 한다.
임의의 정수를 입력하여 X 값을 맞추는 프로그램을 작성하시오.
이때 y 값은 x 값에서 입력 받은 값의 차이가 되며, 임의의 정수가
입력 되었을 때의 출력은 다음과 같다.

y가 500 이상이면	'매우 많이 차이남'
y가 250 이상 500 미만이면	'많이 차이남'
y가 100 이상 250 미만이면	'차이남'
y가 10 이상 100 미만이면	'근접함'
y가 5 이상 10 미만이면	'매우 근접함'
y가 0 이면	'맞추었습니다'

```
/*****************************************************************/
/*                                                               */
/*  프로그램명 : 난수발생한 임의의 수를 알아 맞추는 프로그램      */
/*                                                               */
/*****************************************************************/


#include <stdio.h>      /* 선행 처리기 */
#include <conio.h>
#include <stdlib.h>
#include <time.h>

#define ESC 27        /* ESC키 정의 */
#define TRUE    1
#define FALSE   0
#define CR      13
#define randomize() srand ( (unsigned int) time ( NULL ) )



int main()
{
    int  x,
         in,
         cha,
```

```
                count,
                quit1,
                quit2;      /* do-while문에 이용 */
        char   answer, *st;


        do
        { /* (1) 전체 do-while문 시작 */
            printf("임의의 값을 알아맞추는 프로그램 \n\n");
            randomize(); /* 난수발생 초기화 */
            count = 0; quit1 = 0;
            x = rand() % 1000;
            do
            {
              printf("------------------------------------\n");
              printf("임의의 정수값을 1000이내로 입력하세요.\n");
              printf(" (중간에 종료하시려면 0을 입력하세요) \n");
              count++;
              printf("횟수 : %d  \n", count);
              printf("몇일까요? \n");
              printf("------------------------------------\n");
              scanf("%4d", &in);
              cha = abs(x - in);
              if(in == 0) quit1 = 1;
              if (cha > 500)
                {
                    printf("매우 많이 차이납니다. \n");
                }
              else if ((cha >= 250) && (cha < 500))
                    {
                        printf("많이 차이납니다.   \n  ");
                    }
                    else if ((cha >= 100) && (cha < 250))
                        {
                            printf("차이납니다.           \n ");
                        }
                        else if ((cha >= 10) && (cha < 100))
                            {
```

```
                                    printf("근접합니다.          \n ");
                              }
                        else if ((cha >= 5) && (cha < 10))
                              {
                                    printf("매우근접합니다.      \n ");
                              }
                              else if (cha == 0)
                                    {
                                          printf("맞추었습니다.\n");
                                    printf("임의의 정수값은 %d 입니다.\n", x);
                                          quit1 = 1;
                                    }
                  printf("-------------------------------------\n");

      } while(quit1 != 1);
      quit1 = FALSE;
      quit2 = FALSE;
      do   /* (2) 루프시작 */
      {
       printf("계속 하시겠습니까?(y/n) N\b");
       answer = getch();
       switch(answer)
       {
         case 'y' : quit2 = TRUE;
                 break;              /* Y 이면 계속 */
         case CR  :
         case ESC :
         case 'n' : quit2 = TRUE; quit1 = TRUE;
                 break;              /* N 이면 종료 */
         default  : printf("y나 n이 아닙니다. 다시 입력하세요.\a");
                 break;              /* Y, N이 아닌 다른문자 입력시 수행 */
       }
       } while(quit2 != TRUE); /* (2) 다시할것인지의 여부를 묻는 반복 루프 끝 */
   } while(quit1 != TRUE);    /* (1) 전체 루프 끝 */
   return 0;
}  /* main 함수 끝 */
```

12. 임의의 수 a, b, c를 입력 받아 d=(a+b)/d 를 계산하는 프로그램을
    작성하시오. 단, 다음 조건들을 만족하여야 한다.
    ⓐ C가 0일때는 오류메세지를 출력시키고, 올바른 입력값을 받는다.
    ⓑ a, b, c는 정수 또는 실수일 수도 있으며, 잘못된 입력값
        (a = "abc", b = "xxx"..등)에 대하여는 그에 상응하는 오류메세지를 출
력시키고, 올바른 입력값을 받는다.

```
/****************************************************************/
/*    프로그램 내용 : 임의의 수 a, b, c 를 입력 받아서              */
/*    ( a + b ) / c 를 계산하는 프로그램을 작성하는 프로그램을      */
/*    작성한다.                                                 */
/****************************************************************/

#include <stdio.h>
#include <conio.h>
#include <ctype.h>
#include <stdlib.h>
#include <string.h>
#define FALSE 0
#define TRUE 1

void line_01()
{
  int i;      /* 정수형 선언 */

  printf("\n");
  for(i=1; i<=80; i++)
  {
     printf("=");
  }
  printf("\n");
}

int main()
```

```
{
   char st1[10], st2[10], st3[10], ans;      /* 수자와 계속 여부를 위한 변수 */

   int a, b, c, d, quit, quit_1;      /* 수자,전체종료,계속 여부 */
   unsigned int i, len;            /* for문의 카운터, 스트링 길이 */
   unsigned int  error;

   quit=FALSE;            /* 프로그램을 종료할 때 TRUE로 종료 */
   do
   {
      a=0; b=0; c=0; d=0;
      /*    a를 입력받는다.                              */
      /*    우선 error를 FALSE로 두어서 입력 에러가 없는 것으로 하고,    */
      /*    입력 에러가 생기면 error를 TRUE로 두어서 do~while을 반복    */
      /*    하게 한다.                              */
      do
      {
      /* 반복할 경우에 앞서 입력된 값들을 지워서 깨끗한 상태에서 다시 입력 받는다. */
         line_01();
         printf("(a+b)/c 의 값을 계산하는 프로그램 \n");
         line_01();
         printf("a 입력            : \n");
         gets(st1);
         len = strlen(st1);  /* st1의 길이                */
         error=FALSE;    /* 먼저 FALSE로 둔다.              */
               /* 그리고, 다시 반복할 때에 FALSE로 시작하게 한다. */
         for (i=0; i < len; ++i)
         {
           if (isdigit(st1[i]) == 0)
              error=TRUE;
           /* isdigit()는 st[i]의 값이 수자이면 0이 아닌 값을 return한다. */
           /* 스트링 중에서 영문자가 있으면 isdigit(st1[i])는         */
           /* 0 을 return하므로 조건을 만족하여 error를 TRUE로        */
           /* 만들어 다시 입력을 반복하게 한다.                 */
         }
```

9장 : C 언어 실습예제 • 257

```
} while(error != FALSE);
/* ****    b 를 입력받는다.    ***********************/
do
{
    /* a는 제대로 입력되었으므로 반복할 경우, b를 다시 입력받기  */
    /* 위해 앞서 입력된 b값을 지운다.                           */
    printf("b 입력            :  \n");
    gets(st2);
    len = strlen(st2);
    error=FALSE;
    for (i=0; i < len; ++i)
    {
        if (isdigit(st2[i]) == 0)
            error=TRUE;
    }
} while(error != FALSE);
/* ****    c 를 입력받는다.    ***********************/
do
{
    /* 반복할 경우에 c의 입력값만 지우면 되므로 c의 자리만 지운다. */
    printf("c 입력 (non zero) :  \n");
    gets(st3);
    len = strlen(st3);
    error=FALSE;
    for (i=0; i < len; ++i)
    {
        if (isdigit(st3[i]) == 0)
            error=TRUE;
    }
    if(atoi(st3) == 0)  error = TRUE;
    /* 입력된 c가 숫자이더라도 0 일 경우에는 다시 입력받아야 하므로, */
    /* atoi()를 이용하여 스트링을 숫자로 변환한 다음 0 이면          */
    /* error를 TRUE로 하여 다시 반복하게 한다.                      */
    /* 아무 에러도 없을 때에 error값이 FALSE가 되어                  */
    /* 루틴을 빠져 나가게 되어 계산을 수행하게 된다.                 */
```

```c
    } while(error != FALSE);
    a=atoi(st1);                /* 수자로 변환한 후 계산한다.  */
    b=atoi(st2);
    c=atoi(st3);
    d=(a+b)/c;
    printf("(a+b)/c의 결과는 ");
    printf("%d 입니다.\n",d);
    quit_1=FALSE;
    /* quit_1 을 FALSE 로 두고 yn 이 제대로 입력되면,            */
    /* quit_1 을 TRUE 로 주어서 루틴을 빠지고, 종료(N)을 입력하면    */
    /* quit 를 TRUE 로 하여 프로그램을 종료한다.               */
    do
    {
    printf("계속(y) 종료(n) : ");
    ans=getch();
    switch(ans)
    {
      case 'y': quit_1=TRUE; break;
      case 'n': quit_1=TRUE; quit=TRUE; break;
      default  : printf("\a"); break;
    }
    } while(quit_1!=TRUE);
  }while(quit!=TRUE);
  return 0;
}
```

13. 소문자인 영문자를 입력받아서 그 문자가 모음(a, e, i, o, u)이면 입력된 모음의 숫자를 세어서 다음과 같이 출력시키는 프로그램을 switch문을 사용하여 작성하시오.

a -----> 모음 a 는 x개 입력되었음.

e -----> 모음 e 는 x개 입력되었음.

i -----> 모음 i 는 x개 입력되었음.

o -----> 모음 o 는 x개 입력되었음.

u -----> 모음 u 는 x개 입력되었음

```
/******************************************************************/
/*      프로그램 내용: 소문자인 영문자를 입력 받아서 그 문자가          */
/*      모음 (a, e, i, o, u)이면 입력된 모음의 숫자를               */
/*      세어서 다음과 같은 출력을 하는 프로그램을 switch문을          */
/*      이용하여 작성한다.                                         */
/******************************************************************/

#include <stdio.h>
#include <conio.h>
#define TRUE 1
#define FALSE 0

void line_01()
{
    int i;      /*  정수형 선언  */

    printf("\n");
    for(i=1; i<=80; i++)
    {
        printf("=");
    }
    printf("\n");
}
```

```
main()
{
    int cnt_a, cnt_e, cnt_i, cnt_o, cnt_u;    /*   카운터                  */
    int quit, quit_1;                          /*   계속 여부(YN) 제어     */
    char ch;                                   /*   입력 문자 저장          */
    char ans;                                  /*   계속 여부 답            */

    quit=FALSE;
    do
    {
        line_01();
        printf("소문자를 입력받아서 모음의 갯수를 세는 프로그램 \n");
        printf("<Enter>를 누를 때까지 입력한 모음의 개수를 셉니다.\n");
        printf("입력하세요\n");
        cnt_a = 0; cnt_e = 0; cnt_i = 0; cnt_o = 0; cnt_u = 0;
        while((ch=getchar()) != '\n')
        {
            switch(ch)
            {
                case 'a':  cnt_a++;  break;
                case 'e':  cnt_e++;  break;
                case 'i':  cnt_i++;  break;
                case 'o':  cnt_o++;  break;
                case 'u':  cnt_u++;  break;
            }
        }
        printf("a의 개수는 %d\n",cnt_a);
        printf("e의 개수는 %d\n",cnt_e);
        printf("i의 개수는 %d\n",cnt_i);
        printf("o의 개수는 %d\n",cnt_o);
        printf("u의 개수는 %d\n",cnt_u);
        printf("계속(y) / 종료(아무 키나) \n");
        quit = (getch() == 'y') ? FALSE : TRUE;
    } while (quit != TRUE);
    return 0;
```

}

14.. 문자 a의 ASCII .값은 61, 문자 A의 ASCII 값은 65 이다.

　　　ASCII 값은 0 부터 255 까지의 문자값을 화면에 출력시키는 프로그램을
작성하시오.

```
/****************************************************************/
/*                                                              */
/* ASCII 값은 0부터 255까지의 문자값을 출력하는 프로그램           */
/*                                                              */
/****************************************************************/

    #include <stdio.h>
    #include <conio.h>

    main()
    {
    int i, first, last;
    int quit;
    char ch;

    quit = 0;
    do
    {
      puts("0부터 255가지의 알고자하는 ASCII코드 값을 구합니다. \n");
      puts("(  )부터 (  )까지 알고 싶어요  (입력 종료는 return key를...)\n");
      puts("첫번째 입력 값 : \n");
      scanf("%d", &first);   /* 어디부터.... */
      fflush(stdin);    // 입력 버퍼를 비운다
      puts("두번째 입력 값 : \n");
      scanf("%d", &last);    /* 어디까지.... */
      fflush(stdin);    // 입력 버퍼를 비운다
      for ( i = first; i <= last; ++i )
      printf("%d = %c \n", i, i);
```

```
    printf("아무런 키나 누르세요!\n");
    getch();
    printf("계속하시겠습니까? (y/n)");
    ch = getch();
    switch(ch)
    {
     case 'Y':
     case 'y': quit = 0; break;
     case 'N':
     case 'n': quit = 1; break;
     default : break;
    }
  } while(quit != 1);
  return 0;
}
```

15. 2진수를 입력받아 10진수값으로 변환하는 프로그램을 작성하시오.
    예를 들면 입력값이 1000 0001 이면 출력값은 129,
    입력값이 111 이면 출력값은 7이 된다.
    이때 입력 값은 0과 1의 조합뿐으로 이루어지므로 입력값이 0과 1이
    아닌 경우와 8개를 초과하는 경우에는 오류 메세지를 출력한다.

```
/******************************************************************/
/*                                                                */
/*  8개 이하의 2진수를 입력받아 10진수값으로 변환하는 프로그램      */
/*  gets()로 *str에 받아서 isdigit()로 0과 1만 받도록 error변수를 이용  */
/*  계산은 for문을 이용한다. 첨자를 0부터 시작하여서 value값을 2배씩   */
/*  해 나가면서 원소가 1이면 decimal에 value를 누적시킨다.           */
/*                                                                */
/******************************************************************/

#include <stdio.h>
#include <conio.h>
#include <string.h>
```

```c
#include <math.h>
#include <ctype.h>
#define TRUE 1
#define FALSE 0

void line_01()
{
  int i;     /* 정수형 선언  */

  printf("\n");
  for(i=1; i<=80; i++)
  {
     printf("=");
  }
  printf("\n");
}

int main()
{
   char ans;        /*     계속 여부 답              */
   char str[128];   /*      2진수 저장               */
   int decimal;     /*     10진수 변환한 값          */
   int value;       /*     2진수의 자리값            */
   int i;           /*     for문의 반복 변수         */
   int len;         /*      str의 길이               */
   int error;       /*     2진수 입력 에러           */
   int quit_1;      /*      계속 여부 확인 종료       */
   int quit;        /*      전체 종료                 */

   quit = FALSE;
   do
   {    /*  2진수 입력 루틴   */
      do
      {
         line_01();
         printf("2진수를 입력받아서 10진수로 변환합니다\n");
         printf("16자리까지 입력하세요\n");
```

```
        printf("2진수 입력 :                    \n");
        gets(str);
        error = FALSE;
        len = strlen(str);
        if (len == 0) error = TRUE;
        for(i=0; i<len; i++)
        {
            if (isdigit(str[i])==0)  error = TRUE;
              else if ((str[i]!='0') && (str[i]!='1'))   error=TRUE;
            if (error == TRUE) break;
        }
        if (error == TRUE) printf("\a");
    }while(error!=FALSE);
    decimal=0;
    value=1;
    for (i=len-1; i >= 0; --i)              /*  계산 루틴  */
    {
        if (str[i]=='1')  decimal += value;
        value *= 2;
    }
    printf("10진수는 %d\n",decimal);
    printf("아무런 키나 누르세요!\n");
    getch();
    printf("계속하시겠습니까? (y/n)\n");
    ans = getch();
    switch(ans)
    {
      case 'Y':
      case 'y': quit = FALSE; break;
      case 'N':
      case 'n': quit = TRUE; break;
      default : break;
    }
  } while (quit != TRUE);
  return 0;
}
```

16. 다음을 n개 출력하는 프로그램을 작성하시오

```
*
**
***
****
*****
```

```
/****************************************************************/
/*                                                              */
/*  숫자를 입력받아 별을 증가시켜가면서 숫자만큼의 라인의 별 그리기  */
/*                                                              */
/****************************************************************/

#include <stdio.h>
#include <conio.h>
#define TRUE 1
#define FALSE 0

main()
{
    int i, n, cnt, ans, quit, q;

    while(1)
    {
        printf("정수 입력:");
        scanf("%d",&n);
        for (cnt=1; cnt<=n; cnt++)
        {
            for (i=1; i<=cnt; i++)  printf("*");
                printf("\n");
        }
                printf("계속하시겠습니까? (y/n)\n");
        ans = getch();
```

```
        switch(ans)
        {
          case 'Y':
          case 'y': quit = FALSE; break;
          case 'N':
          case 'n': quit = TRUE;  q = TRUE; break;
          default : break;
        }
        if (q == TRUE)  break;
     }
     return 0;
}
```

17. 다음 식을 구하는 프로그램을 작성하시오

$$1^n + 2^n + 3^n + 4^n + 5^n$$

```
/****************************************************************/
/*                                                              */
/*      1^n + 2^n + 3^n + 4^n + 5^n   구하기    (n <= 5)        */
/*                                                              */
/****************************************************************/

#include <stdio.h>
#include <conio.h>
#include <math.h>


main()
{
     int i, n;
     long int sum;

     while (1)
```

```
        {
            sum = 0;
            printf("\r\n 5보다 작은 정수를 입력하세요 (음수는 종료): ");
            scanf("%d", &n);
            if (n<0) break;
                else if (n>4)
                        {
                                printf(" 값이 틀립니다.\r\n");
                                continue;
                        }
            for(i=1; i<=7; i++)
            {
              sum += pow(i,n);
              printf("(%d**%d) + ", i, n);
            }
            printf("\b\b = %ld\n", sum);
        }
        printf("\r\n 종료합니다. 아무 키나 누르세요");
        getch();
        return 0;
}
```

18. 임의의 연도를 입력 받아 윤년인가, 평년인가를 출력하는 프로그램을 작성
하시오. 윤년은 4의 배수이면서 100의 배수가 아니거나, 또는 400의 배수이다.

```
/**************************************************************/
/*                                                            */
/*    임의의 연도가 윤년인지 평년인지 판별                      */
/*                                                            */
/**************************************************************/



#include <stdio.h>
```

```
#include <conio.h>

main()
{
    int  y;

    printf(" 임의의 연도를 입력하세요.\r\n");
    printf(" 윤년인지 평년인지 판별합니다.(종료는 (0) 입력)\r\n");
    while (1)
    {
        scanf("%d",&y);
        if (y == 0) break;
        else if ((y%4 == 0 && y%100 != 0) || y%400 == 0)
                printf("[%6d] 년은 윤년입니다.\r\n",y);
                else printf("[%6d] 년은 평년입니다.\r\n",y);
    }
    printf("\r\n종료합니다. 아무키나 누르세요");
    getch();
    return 0;
}
```

19. 임의의 정수를 입력 받아 2진수, 1의 보수, 2의 보수를 출력시키는 프로그램을 작성하시오. 이때 정수가 아닌 문자에 대한 오류를 검사하시오.

```
/*************************************************************/
/*                                                         */
/*    정수 입력 받아서 2진수, 1의 보수, 2의 보수를 출력       */
/*                                                         */
/*************************************************************/

#include <stdio.h>
#include <conio.h>
#include <ctype.h>
#include <string.h>
```

```c
#include <stdlib.h>

main()
{ /* main() 시작 */
  long  i,
        in_num,           /* 정수 값을 입력 받음    */
        a,
        len,              /* 문자열의 길이 저장     */
        quit1, quit2;     /* 루프 제어 변수         */
  char  ch,               /* 계속여부에서 문자 입력 */
        *st;              /* 문자열 기억            */

  quit1 = 0;
  do
  {
    printf("정수입력 받아 2진수로 출력하고 1의 보수 2의 보수 출력 \n");
    do   /* 정수 입력 반복 루프 */
    {
      quit2 = 1;
      printf("정수를 입력하세요? \n");
      gets(st); /* 문자열을 입력 받음 */
      in_num = atol(st);        /* 문자열을 긴형 정수화 */
      len    = strlen(st);      /* 길이를 구함            */
      for(i=0; i<=len; ++i)     /* 숫자인지 체크          */
        if((isalpha(st[i])))
        {
            quit2 = 0;
            printf("입력이 잘못됐습니다 !!\n");
        }
    } while(quit2 != 1);
    ltoa(in_num, st, 2); /* 입력된 정수를 2진수화 함 */
    printf("2 진 수 :  %s\n", st); /* 2진수 출력    */
    len = strlen(st); /* 문자열의 길이를 구함 */
    a = ~in_num;        /* 1의 보수, 입력된 정수의 보수를 취함 */
    ltoa(a, st, 2);   /* 2진수화 함 */
```

```c
    /* ltoa(value, string, radix)                          */
    /* value를 문자열로 변환하여 string저장하고       */
    /* radix는 value를 변환하는데 사용되는 base지정 */
    /* radix는 2에서 36까지 사용할 수 있다.               */
    printf("1의 보수: ");  /* 1의 보수 출력 */
    for(i=0; i<=31; ++i)
    {
        printf("%c", st[i]);
    }
    printf("\n");
    a = ~in_num + 1;  /* 2의 보수, 1을 더하여 보수를 취함 */
    ltoa(a, st, 2);   /* 2진수화 함 */
    printf("2의 보수: ");   /* 2의 보수 출력 */
    for(i=0; i<=31; ++i)
    {
        printf("%c", st[i]);
    }
    printf("\n");
    do  /* 계속 여부 반복 루프 */
    {
        printf("계속 하시겠습니까?(y/n) ");
        ch = getch();  /* 문자 입력 받음 */
        quit2 = 1;
        switch(ch)
        {
            case 'y': quit1 = 0;    break;
            case 'n': quit1 = 1;    break;
            default : quit2 = 0;
                    printf("\a");   /* BELL 소리 냄            */
        }
    } while (quit2 != 1);
} while (quit1 != 1); /* 전체 반복 루프 끝 */
return 0;
} /* main() 끝 */
```

20. 소수를 구하는 프로그램

```
/****************************************************************/
/*                                                              */
/*          입력 수까지의 소수를 구함.                          */
/*                                                              */
/****************************************************************/

#include <stdio.h>
#include <conio.h>
#define TRUE 1
#define FALSE 0

main() /* 메인 함수 시작 */
{
   int i,  j,  mo,  num,  count;
   int p_cnt=0;
   int quit, quit1;
   int line;

   quit = FALSE;
   do
   {
      printf("\n\n 소수를 구하는 프로그램\n");
      printf("몇까지의 소수를 구하시겠습니까? (1 ~ 32766 까지)\n");
      scanf("%d", &num);         /* 소수값을 구할 범위 입력 받음 */
      while(num < 1)   /* 1보다 작은 수를 제어 */
      {
         printf("\a         ");
         scanf("%d", &num);
      }
      printf("\n\n");
      for(i=2; i<=num; i++)     /* 소수값인지 판별대상이 되는 수 */
      {
```

```c
        count = 0;              /* 나누어 보는 수 */
        for(j=2; j<=i; j++)
        {
         mo = i % j;
         if(mo == 0) ++count;
        }
        if (count == 1)
        {
          printf("%8d", i);        /* 소수 출력 prime nummer */
          ++p_cnt;                 /* 소수 개수        */
          line = p_cnt % 150;
          if (line == 0)           /* 15줄이면        */
            {
            printf("아무 키나 누르세요\n");
            getch();
            }
        }
      } /* 전체 for문 끝 / 변수 i */
      printf("\n\n   총 개수: %d \n", p_cnt);
      quit1 = FALSE;
      do
      {
        printf("\n 프로그램 계속 수행? (y/n)");
        switch (getch())
        {
            case 'y': quit1 = TRUE; break;
            case 'n': quit1 = TRUE; quit = TRUE; break;
            default : printf("\a");
        }
      } while (quit1 != TRUE);
    } while (quit != TRUE);
  return 0;
}/* 메인 함수 끝 */
```

21. for문 이용하여 팩토리얼을 구하는 프로그램을 작성하시오

```
/**************************************************************/
/*                                                          */
/*        for문 이용하여 팩토리얼을 구하는 프로그램                */
/*                                                          */
/**************************************************************/

#include <stdio.h>
#include <conio.h>
#define TRUE 1
#define FALSE 0

main()
{
    int n, quit;
    long result=1;
    int i;

    printf("\n\n 팩토리얼(factorial)을 구하는 프로그램입니다.\n\n");
    quit = FALSE;
    do
    {
        printf("\n\n정수를 입력하세요 :            \n");
        scanf("%d", &n);
        for(i=1; i<=n; i++)
        result *= i;
        printf("답 : %d! = %ld \n", n, result);
        printf("\n 프로그램 계속 수행? (y/n)");
          switch (getch())
          {
            case 'y': result=1; break;
            case 'n': quit = TRUE; break;
            default : printf("\a");
          }
```

```
        } while (quit != TRUE);
        return 0;
}


22. 재귀함수 이용하여 팩토리얼을 구하는 프로그램을 작성하시오

/****************************************************************/
/*                                                              */
/*        재귀함수 이용하여 팩토리얼을 구하는 프로그램         */
/*                                                              */
/****************************************************************/

#include <stdio.h>
#include <conio.h>
#define TRUE 1
#define FALSE 0

long factorial(long k);
static int n;

long factorial(long k)
{
    if (k <= 1)
        return (1);
    else
        return (k * factorial(k - 1));
}

int main()
{
    long result;
    int quit;

    printf("\n\n팩토리얼(factorial)을 구하는 프로그램입니다.\n");
```

```
        quit = FALSE;
        do
        {
            printf("\n\n정수를 입력하세요 :           \n ");
            scanf("%d", &n);
            result =  factorial(n);
            printf("답 : %d! = %ld ", n, result);
            printf("\n 프로그램 계속 수행? (y/n)");
              switch (getch())
              {
                case 'y': result=1; break;
                case 'n': quit = TRUE; break;
                default : printf("\a");
              }
        } while (quit != TRUE);
}
```

23. 정수형 배열[30]을 입력받아서 30개의 합을 구하는 프로그램을 작성하시
오. 이때 입력을 끝내려면 0을 입력한다.

```
/***************************************************************/
/*                                                             */
/*  정수형 배열[30]을 입력받아서 30개의 합을 구하는 프로그램        */
/*  입력을 끝내려면 0을 입력한다.                                 */
/*                                                             */
/***************************************************************/

#include <stdio.h>
#include <conio.h>
#include <stdlib.h>
#include <string.h>
#include <ctype.h>
#define TRUE 1
#define FALSE 0
```

```c
int input_num(int num[30])
{
    char str[128]="";                    /* 입력값 저장              */
    int j,                               /* 입력 자료의 수          */
        quit,                            /* input_ch 종료           */
        length,                          /* str 의 길이             */
        i,                               /* str 의 첨자             */
        error;                           /* 입력 오류 제어          */

    for (i=0; i<=29; i++)  num[i] = 0;   /* 배열을 0 으로 초기화 */
    quit = FALSE;
    j = 0;
    while(quit !=TRUE)
    {
        gets(str);
        length = strlen(str);
        error = FALSE;
        if (length == 0 || length >= 6) error = TRUE;
            else for(i=0; i<=length-1; i++)
                {
                    if (isdigit(str[i]) == 0)
                    {
                        error = TRUE;
                        printf("\a 입력오류(수자가 아님)\n");
                        printf(" 아무 키나 누르세요.\n");
                        getch();
                        break;        /*  for문을 빠진다. */
                    }
                }             /* End of for */
        /*  for문을 빠져 나왔을 때, 입력이 수자이면 error값은 FALSE 이고, */
        /*  입력중에 문자가 있으면 error값은 TRUE 이다.                   */
        num[j] = atoi(str);              /* 수자로 변환 */
        quit = (num[j]) ? FALSE : TRUE;
        /* if (num[j]) quit = FALSE; else quit = TRUE;      와 동일  */
```

```
        /* if (num[j] != 0) quit = FALSE; else quit = TRUE;  와 동일  */
        printf(" 입력은 %d \n", num[j]);
        j++;                              /* 입력 건수 증가 */
        if (j == 30)  break;
    }        /* End of while(!quit)                                   */
        /*  num 이 0 이면 while(!quit) 의 시작으로 가서 종료 조건이     */
        /*  되므로 루프를 빠지게 된다.                                 */
    return 0;
} /* End of input_ch() */

main()
{
    int j, quit1;
    int num[30];
    long sum=0;

    quit1 = FALSE;
    do
    {
        printf("\n\n정수를 입력받아서 배열[30]에 저장한 후,");
        printf("배열원소들의 합을 구합니다.\n");
        printf("입력을 끝내시려면 0 을 입력하세요.\n");
        input_num(num);
        sum = 0L;
        for (j=0; j<=29; j++)     sum += (long)num[j];
        printf("배열원소들의 합은 %ld\n", sum);
        printf("\n 프로그램 계속 수행? (y/n)");
          switch (getch())
          {
            case 'y': break;
            case 'n': quit1 = TRUE; break;
            default : printf("\a");
          }
    } while (quit1 != TRUE);
    return 0;
```

}

24. 정수형 배열[30] 3 개를 입력받아서 a[0], b[0], c[0] 중에서 최대값을 구하고, a[0]+b[0]+c[0] 를 구하는 프로그램을 작성하시오. 이때 배열 입력을 끝내려면 0을 입력한다.

```
/****************************************************************/
/*                                                              */
/* 정수형 배열[30] 3 개를 입력받아서 a[0], b[0], c[0] 중에서      */
/* 최대값를 구하고, a[0]+b[0]+c[0] 를 구하는 프로그램            */
/*                                                              */
/****************************************************************/

#include <stdio.h>
#include <conio.h>
#include <math.h>
#include <string.h>
#include <stdlib.h>
#define TRUE    1
#define FALSE   0
#define CR      13

main()
{ /* 메인 함수 시작 */

  int a[30], b[30], c[30],
      i,
      val,
      imsi,       /* 최대,중간,최소값을 구할때 쓰임 */
      sum,        /* 합계 */
      maxi,       /* 최대값 */
      midd,       /* 중간값 */
      mini,       /* 최소값 */
      quit1, quit2;
```

```c
char st[10], answer;

do   /* (1) 전체 반복 */
{
   printf("\n\n배열에 값을 입력하고 최대, 중간, 최소값, 합을 구하기\n");
   printf("각 배열의 입력을 끝내시려면 0을 입력하세요.\n");
   for(i=0; i<=29; ++i)
   {
      a[i] = 0;                /* 배열을 0으로 초기화 시킴 */
      b[i] = 0;
      c[i] = 0;
   }
   /* a[30] 배열에 값을 입력 받음 */
   for(i=0; i<=29; ++i)
   {
      printf("배열 a[%d] =    \b  \n", i);
      gets(st);                /* 문자 처리하기 위해 문자열로 입력 받음 */
      val  = atoi(st);         /* 문자열을 숫자로 바꾼 val에 대입 */
      a[i] = val;              /* val값을 a[i]번째 배열에 넣음     */
      if(val == 0) break;      /* val값이 0일 경우 입력을 끝냄      */
   }
   /* b[30] 배열에 값을 입력 받음 */
   for(i=0; i<=29; ++i)
   {
      printf("배열 b[%d] =        \b\n", i);
      gets(st);
      val  = atoi(st);
      b[i] = val;
      if(val == 0) break;
   }
   /* c[30] 배열에 값을 입력 받음 */
   for(i=0; i<=29; ++i)
   {
      printf("배열 c[%d] =        \b\n", i);
```

```
        gets(st);
        val   = atoi(st);
        c[i]  = val;
        if(val == 0) break;
}
printf("index a[]    b[]    c[]    최대    중간    최소     합계 \n");
for(i=0; i<=29; ++i)
{
    printf("%2d    ", i);      /* 배열방 번호 출력 */
    printf("%4d    ", a[i]); /* a[i]값 출력 */
    printf("%4d    ", b[i]); /* b[i]값 출력 */
    printf("%4d    ", c[i]); /* c[i]값 출력 */
    maxi = a[i]; /* 최대, 중간, 최소값 임의로 지정함 */
    midd = b[i];
    mini = c[i];
    if(midd > maxi) { imsi = maxi;    /* 최대값, 중간값, 최소값을 구함 */
                maxi = midd;
                midd = imsi; }
    if(mini > maxi) { imsi = maxi;
                maxi = mini;
                mini = imsi; }
    if(mini > midd) { imsi = midd;
                midd = mini;
                mini = imsi; }
    sum = a[i] + b[i] + c[i]; /* 입력받아 기억된 a,b,c의 i번째를 각각 더함 */
    printf("%4d  %4d  %4d  %4d \n",maxi, midd, mini, sum);
}
quit1 = FALSE;
quit2 = FALSE;
do  /* (2) 루프시작 */
{
    puts("계속 하시겠습니까?(y/n) \n ");
    answer = getch();
    switch(answer)
    {
```

```
            case 'y' : quit2 = TRUE;
                      break;            /* Y 이면 계속 */
            case CR  :
            case 'n' : quit2 = TRUE; quit1 = TRUE;
                      break;            /* N 이면 종료 */
            default  : printf("y나 n이 아닙니다. 다시 입력하세요.\a");
                      break;            /* Y, N이 아닌 다른문자 입력시 수행 */
         }
      } while(quit2 != TRUE);  /* (2) 다시할것인지의 여부를 묻는 반복 루프 끝 */
   } while(quit1 != TRUE);     /* (1) 전체 루프 끝 */
   return 0;
}  /* main 함수 끝 */
```

25. 정수를 30개 입력받아서 정렬시키는 프로그램을 작성하시오.
    이때 배열 입력을 끝내려면 0을 입력한다.

```
/****************************************************************/
/*                                                              */
/* 정수형 배열[30]를 입력받아서 정렬시키는 프로그램              */
/*                                                              */
/****************************************************************/

#include <stdio.h>
#include <conio.h>
#include <string.h>
#include <ctype.h>
#include <stdlib.h>
#define TRUE 1
#define FALSE 0

int input_num(int num[30])
{
    char str[128]="";               /* 입력값 저장              */
    int j,                          /* 입력 자료의 수           */
```

```
        quit,                        /* input_ch 종료              */
        length,                      /* str 의 길이               */
        i,                           /* str 의 첨자               */
        error;                       /* 입력 오류 제어            */

for (i=0; i<=29; i++)  num[i] = 0;    /* 배열을 0 으로 초기화 */

quit = FALSE;
j = 0;
while(quit!=TRUE)
{
    gets(str);
    length = strlen(str);
    error = FALSE;
    if (length == 0 || length >= 6) error = TRUE;
    else for(i=0; i<=length-1; i++)
        {
            if (isdigit(str[i]) == 0)
            {
                error = TRUE;
                printf("\n\a 입력오류(수자가 아님) \n");
                printf(" 아무 키나 누르세요.\n");
                getch();
                break;        /*  for문을 빠진다. */
            }
        }            /* End of for.  for문을 빠져 나왔을 때,        */
                     /*  입력이 수자이면 error값은 FALSE 이고,      */
                     /*  입력중에 문자가 있으면 error값은 TRUE 이다. */
    num[j] = atoi(str);            /* 수자로 변환 */
    quit = (num[j]) ? FALSE : TRUE;
     /* if (num[j]) quit = FALSE; else quit = TRUE;       와 동일  */
    /* if (num[j] != 0) quit = FALSE; else quit = TRUE;  와 동일  */
    printf(" 입력은 %d \n",num[j]);
    j++;                            /* 입력 건수 증가 */
    if (j == 30)  break;
```

```
        }         /* End of while(!quit)                                    */
            /*  num 이 0 이면 while(!quit) 의 시작으로 가서 종료 조건이   */
            /*  되므로 루프를 빠지게 된다.                               */
        return 0;
} /* End of input_ch() */

main()
{
    int i,j,
        num[30],
        temp,
        stop=FALSE,
        quit = FALSE;

    do
    {
        printf("\n\n정수를 입력받아서 배열[30]에 저장한 후,");
        printf(" 배열원소들을 정렬합니다.\n");
        printf("입력을 끝내시려면 0 을 입력하세요.\n");
        input_num(num);
        for(i=0; i<=28; i++)
        {
            for(j=i+1; j<=29; j++)
            {
                if (num[i] < num[j] )
                {
                    temp = num[i];
                    num[i] = num[j];
                    num[j] = temp;
                }
            }
        }
        printf("정렬 결과:");
        for(j=0; j<=29; j++)
```

```
        {
            if(num[j] == 0) { stop = TRUE; break; }
            printf("%5d  ",num[j]);
        }
        if (stop == TRUE)
        {
            printf(" \n 이후는 입력이 없으므로 생략합니다.\n");
        }
        printf("\n 프로그램 계속 수행? (y/n)");
            switch (getch())
            {
              case 'y': break;
              case 'n': quit = TRUE; break;
              default : printf("\a");
            }
    } while (quit != TRUE);
    return 0;
}
```

26. for 문 이용한 최대공약수와 최소공배수 구하는 프로그램을 작성하시오.

```
/***************************************************************/
/*                                                           */
/*   최대공약수와 최소공배수 구하는 프로그램                    */
/*                                                           */
/***************************************************************/

#include <stdio.h>
#include <conio.h>

main()
{
    int a, b,      /* 입력            */
        small,    /* 입력 중 작은 값 */
```

```
    gcd,        /* 최대공약수      */
    j;          /* 인수           */
long lcm=0;     /* 최소공배수      */

printf("최대공약수와 최소공배수를 구합니다.");
printf("\r\n입력중에 0 이나 음수가 있으면 종료합니다.\r\n");
while (1)
{
    printf("\r\n입력: a=> "); scanf("%5d",&a);
    if (a <= 0) break;
    printf("입력: b=> "); scanf("%5d", &b);
    if (b <= 0)  break;        /* 입력중에 0 이 있으면 종료     */
    if (a < b)  small = a;
      else  small = b;
    for(j=small; j>=1; j--)    /* 최대공약수는 입력값보다 클 수가 */
    {                          /* 없으므로 small 부터 1씩 감소    */
        if ( a % j == 0 )
            if ( b % j == 0 )
            {
                gcd = j;      break;
            }
            else  ;
        else  ;
    }
    lcm = (long)gcd * (long)(a/gcd) * (long)(b/gcd);
    printf ("최대공약수 =>[%5d], 최소공배수 => [%10ld]입니다.\r\n", gcd ,lcm);
}
printf("\r\n\n종료합니다. Press any key..");
getch();      return 0;
}
```

27. 최대공약수와 최소공배수 구하는 프로그램을 작성하시오.

```
/*******************************************************/
/*                                                     */
/*   최대공약수와 최소공배수 구하는 프로그램 ( 유클리드 호제법 이용) */
/*                                                     */
/*******************************************************/


#include <stdio.h>
#include <conio.h>

int z(int a, int b)
{
    int ja,              /* 분자         */
        mo,              /* 분모         */
        remainder,       /* 나머지       */
        gcd;             /* 최대공약수   */

    /* 작은 값을 분모로, 큰 값을 분자로 한다.*/
    if (a > b)
      {
         ja = a;
         mo = b;
      }
      else
      {
         ja = b;
         mo = a;
      }
    do
    {
        remainder = ja % mo;   /* 분자를 분모로 나눈 나머지 구한다.    */
        if (remainder != 0)    /* 나머지가 0 이 아니면 약수가 아니므로  */
          {                    /* 분모를 분자로, 나머지를 분모로 바꾼다 */
```

```
                ja = mo;              /* 위의 작업을 나머지가 0이 될때까지    */
                mo = remainder;    /* 계속한다                              */
            }
        else   gcd = mo;              /* 나머지가 0이 될때                 */
                                      /* 그 때의 분모가 최대공약수이다. */
    } while (remainder != 0);   /* 나머지가 0일 때 루프를 빠짐      */
    return gcd;                        /* 최대공약수를 반환한다.*/
}


main()
{
    int a=0, b=0, gcd=0;
    long lcm=0;

    printf("\n 최대공약수와 최소공배수를 구합니다.\n");
    printf("\r\n입력중에 0 이나 음수가 있으면 종료합니다.\r\n");
    while (1)
    {
        printf("\r\n입력: a=> "); scanf("%5d",&a);
        if (a <= 0) break;
        printf("입력: b=> "); scanf("%5d", &b);
        if (b <= 0)  break;          /* 입력중에 0 이 있으면 종료      */
          else   gcd = z(a,b);        /* 0 이 없으면 최대공약수를 구함 */
        lcm = (long)gcd * (long)(a/gcd) * (long)(b/gcd);
               /* 최소공배수 구함          */
        printf ("최대공약수 =>[ %5d ], 최소공배수 => [ %10ld ]입니다.\r\n", gcd, lcm);
    }
    printf("\r\n\n종료합니다. Press any key..");
    getch();
    return 0;
}
```

28. 숫자를 문자열로 출력하는 프로그램을 작성하시오

```
/*****************************************************************/
/*                                                               */
/*        숫자를 문자열로 출력하는 프로그램                         */
/*                                                               */
/*****************************************************************/

#include <string.h>
#include <stdio.h>
#include <math.h>
#include <ctype.h>
#include <conio.h>

int main()
{

    char ch;
    char st[30];
    int len;
    int i;

    st[0]='\0';
    puts("숫자를 입력하세요\n");
    while ((ch= getchar()) != '\n')
    {
      if ((isdigit(ch)) || (ch == '.'))
       {

          switch(ch)
          {
            case '0' : strcat(st,"0");  break;
            case '1' : strcat(st,"1");  break;
            case '2' : strcat(st,"2");  break;
            case '3' : strcat(st,"3");  break;
```

```
        case '4' : strcat(st,"4");  break;
        case '5' : strcat(st,"5");  break;
        case '6' : strcat(st,"6");  break;
        case '7' : strcat(st,"7");  break;
        case '8' : strcat(st,"8");  break;
        case '9' : strcat(st,"9");  break;
        case '.' : strcat(st,".");  break;
        default  : printf("error !!");  break;
      }

   }
  else if (isalpha(ch))
      {
         printf("alpha :  \n", ch);
      }


 }  /* of while */

printf("숫자 스트링   st : %s \n", st);
len = strlen(st);
printf("길이 : %d \n", len);
getch();
return 0;
}
```

【 저자소개 】

이창근

□ (現) 거제대학교 조선기술과 교수

E-mail: lckun@koje.ac.kr

C 언어 실습

© 이창근, 2014

1판 1쇄 인쇄 ‖ 2014년 03월 05일
1판 1쇄 발행 ‖ 2014년 03월 15일

지은이 ‖ 이창근
펴낸이 ‖ 홍정표
이　　사 ‖ 양정섭
편　　집 ‖ 노경민 김현열 박가연
기획·마케팅 ‖ 이용기
디자인 ‖ 김미미
경영지원 ‖ 안선영

펴낸곳 ‖ 컴원미디어
등　　록 ‖ 제324-2007-00015호
공급처 ‖ (주)글로벌콘텐츠출판그룹
주　　소 ‖ 서울특별시 강동구 천중로 196 정일빌딩 401호
전　　화 ‖ 02-488-3280
팩　　스 ‖ 02-488-3281
홈페이지 ‖ http://www.gcbook.co.kr
이메일 ‖ edit@gcbook.co.kr

값 17,000원
ISBN 978-89-92475-59-4 93000